懐疑と神秘思想

再生の世界認識

グスタフ・ランダウアー【著】

大窪一志【訳】

同時代社

目次◉懐疑と神秘思想　再生の世界認識

凡例

1 本書は、Gustav Landauer : *Skepsis und Mystik*, 1903. 並びに Gustav Landauer : *Durch Absonderung zur Gemeinschaft*, 1901. の全訳である。原著及び翻訳原本については別掲の「解題」を参照されたい。

2 原著に注釈はほんの少ししかない。したがって、注は基本的に訳者による訳注であり、原注には注記の冒頭に〔原注〕と記した。

3 訳注は、その語句・名辞などの初出の箇所につけたのではなく、訳文の内容を読み取るうえで必要だと思われる箇所につけた。また、「分離を通じて共同社会へ」を先に読む場合を想定して、「懐疑と神秘思想」「分離を通じて共同社会へ」の二つの論文で同じ語句・名辞などにそれぞれ訳注をつけた場合がある。

4 訳述中の（　）で囲んだ語句は原著にあったものの訳だが、〔　〕で囲んだものは訳者による補足である。（　）内は、「先験的綜合命題（Synthetische Satze a prior）」というように、日本語訳した語句の原文を示している場合もある。

5 原著には中見出しは付されておらず、「分離を通じて共同社会へ」に付されている中見出しは訳者が付けたものである。

6 訳文には、原文にない改行を適宜加えてある。

解題

ここに訳出したGustav Landauer：*Skepsis und Mystik*（『懐疑と神秘思想』）は、ドイツの社会哲学者グスタフ・ランダウアー（1870-1919）が、一九〇三年に刊行した論考で、論考自体の性格としては、副題にあるように、Versuche im Anschluss an Mauthners Sprachkritik（マウトナーの言語批判論にもとづく試論）である。全体が三部に分けられていて、第Ⅰ部が「世界としての個人」、第Ⅱ部が「時間としての世界」、第Ⅲ部が「道具としての言語」と題されている。

この論考は、刊行に先立つ三年間にランダウアーが発表したいくつかの論考——Durch Absonderung zur Gemeinschaft（「分離を通じて共同社会へ」1900/01）、Mauthners Sprachkritik（「マウトナーの言語批判」1901）、Mauthners Sprachwissenschaft（「マウトナーの言語学」1901）、Die Welt als Zeit（「時間としての世界」1902）、Die neue Welterrkenntnis（「新しい世界認識」1902）——を改稿しながらまとめたものである。

これらの先行する論考の表題からもある程度推測できるように、ここで問題にされているのは、世界認識のありかたであり、また世界認識がそれを通しておこなわれる言語という媒体のありかたである。言語のありかたを批判することを通じて新たな世界認識のありかたを探求するというのが、本書におけるランダウアーの問題意識なのである。

なお、一九〇三年の初版に続いて、一九二三年には友人だった哲学者のマルティン・ブーバーの編集による改訂版が出されている。この訳述は、この改訂版にもとづいており、インターネット上に公開されているテクスト——Kaffee-Weltrevolution!-online による——を使わせていただいた。

＊＊＊

続いて訳出したGustav Landauer : Durch Absonderung zur Gemeinschaft（「分離を通じて共同社会へ」）は、グスタフ・ランダウアーが、一九〇〇年六月一八日に自治団体ノイエゲマインシャフト（Neue Gemeinschaft「新しい共同社会」）の集会でおこなった講演を加筆修正したもので、翌一九〇一年にノイエゲマインシャフトの雑誌『充溢世界』（*Das Reich der Erfüllung*）第2号に掲載された。

ノイエゲマインシャフトという団体は、ハインリッヒとユーリウスのハルト兄弟が設立した自治運動組織で、田園に自治入植地を造ってコミューン社会をめざそうとしていた。ランダウアーもこうしたコミューン形成の自治運動に共鳴していたので、楽観的な見通しでこれに加わったのだが、やがて幻滅することになる。この論稿にはノイエゲマインシャフト運動の欠陥をのりこえて新しい共同社会へ向かっていく展望が探られている。

その意味では、難解とされるランダウアーの世界観・社会哲学へアプローチしていくうえで、この作品は序説として好適なものだといえるだろう。執筆の順に従って、これを先に読んでから『懐疑と神秘思想』を読んだほうがいいかもしれない。また、世界認識のエッセンスと共同社会再生の展望というまとめとしても読める。

『懐疑と神秘思想』と重なる記述もあるが、そこでは充分論じられていない共同社会について主題的にのべられており、世界認識に関するランダウアーの所説のエッセンスがコンパクトにまとめられているので、そのまま訳出した。ただし、エピグラフとして掲げられたクレメンス・ブレンターノ、マイスター・エックハルト、アルフレート・モンベルトの文章の引用は、『懐疑と神秘思想』に引かれたものとまったく同じなので、省略した。

なお、テキストは、www.anarchismus.at のアーカイヴに収録されているものを使わせていただいた。このテキスト自体は、*Gustav Landauer: Die Botschaft der Titanic.* Ausgewählte essays. Ed Kontext, 1994 によっていると記されている。原文は以下のウェブページを参照されたい。

https://www.anarchismus.at/anarchistische-klassiker/gustav-landauer/6619-gustav-landauer-durch-absonderung-zur-gemeinschaft

懐疑と神秘思想——マウトナーの言語批判論にもとづく試論

I　世界としての個人

――マウトナーの言語批判論第一部をめぐって

現在というものはすべて、私にとっては、過去と未来との手触りをえるための手がかりにすぎない。過去と未来は、底知れず深く、満々と充たされた、目に見えない容器である。私は幸福ではない。幸福は人間の業《わざ》によるものだから。私は不幸ではない。不幸もまた人間の業によるものだから。私はすべてである。すべては神の業によるのだから。

世界のなかで孤立しているものは、何一つない。すべてはたがいに関連しあっている。聖なるものにまで至る真なるもののつらなりは、光の流れのようなものだ。すべての人が、その流れから飲み水をもらわなければならず、そしてそれによって目を開かれるのだ。私は信じている。視ることと視られることとは、より高い次元においては、一つのものであり同時に起こるものなのだ。

クレメンス・ブレンターノ[1]

すべての事物を精神にしなければならない。そして、すべての事物は、事物みずからの精神のなかにおいて、われわれを精神にする定めを負っている。われわれはすべての事物を認識すべきであり、それによってみずからすべての事物と一体となって神のもとに至らなければならない。

……私は神から離れることを求める。神を超え差異を超えた存在は実体をもたない存在である。そこにおいては、私は私自身でしかないし、私自身であることしか求めない。そして、自分をこのような人間にしているのは自分自身だと認めるのである。ということは、私は私という存在のありかたに従って私自身をつくりだしている基因なのだ。その私という存在のありかたとは、永遠なものでもあり、しかも同時に時とともに移りゆくものでもある。永遠なものであるありかたに従えば、私は永遠に生まれ、けっして死ぬことはないといいうる。永遠なる誕生というありかたに従えば、私はこれまで永遠であったし、いまも、これからも永遠でありつづけるはずなのである。時とともにあるかぎりにおいては、私は死すべき存在であり、水泡に帰す存在である。日常的現実というのはそういうものである。かくして、すべては時とともに滅びるのである。私というものが生まれるとき、すべての事物が生まれる。だから、私というものこそ私自身の、そしてまたすべての事物の基因だったのである。そしてもし望んだなら私はすべての事物であることはなかったし、そして、私がすべての事物でないのであれば、神もまた存在しないのである。これらのことを理解するというかたちでわかる必要はない。

マイスター・エックハルト[2]

プロティノス[3]

魂が世界のなかにあるのではない――世界が魂のなかにあるのだ。

私の魂全体が微睡んでいる
そこに輝く太陽が深みから昇ってくる
私は横たわっている しじまのなかに 黙したままで
精霊の馬車が私を轢いていく
新たな生が大きく展がりながら始まる
微睡みのまわりで輝き明らむ王冠

1　Clemens Brentano　1778–1842 ドイツロマン主義盛期を代表する詩人・小説家。『少年の魔法の角笛』などの民謡・民話蒐集でも知られる。

2　Meister Eckhart　1260–1328 中世ドイツのキリスト教神秘学者。離脱によって自己を無化することで、その無に降りてくる神と合一できると説いた。ランダウアーは、エックハルトの研究者で、『マイスター・エックハルト神秘主義論集』を編集・校訂している。

3　Plotinos 205?–270 古代ギリシアの哲学者でネオプラトニズムの創始者とされる。存在と思考を超越した一者である神の充溢から世界が流出したとする「一者」「流出」の思想で中世神秘思想にも大きな影響をあたえた。

それは私が千年前に鍛造したものだ
世界は暗い問いに満ちている
だから人は竪琴を弾かなければならないのだ

アルフレート・モンベルト[4]

男は、夢のなかで道を歩いていたが、それが夢だとは思っていなかった。道の向こうに、行く手をふさぐように、高く、ごつごつとして、がっしりとした山が姿をあらわした。

その山は、金属のような輝きを発していて、そこに自分の姿を映せそうだった。

男は、その山の黒い輝きに映った自分の姿を見て、感動を覚えながら、いった。

「あれはまるで鏡だ。でも、何も見えない。自分が見えるだけだ。何も見えない。」

すると、大きな声が聞こえてきた。「おまえは、世界をおまえのうしろに退けたか。」

男は、小声で答えた。「ああ、世界を退けてしまったよ。」

「それなら、私のほうをよく見るんだ。いいか、おまえ自身が鏡に映っている、その姿のうしろに、世界が保たれているんだよ。」

男は、薄闇のなかのほのかな光をじっと見つめながら、ゆっくりといった。

「おれは世界を見ている。そこには、無が見える。」

そして、暗鬱な感覚に閉ざされながら、自己の内に沈潜し、それを通じて世界の内に沈潜していった。

するとき、山が黒い一撃を加えてきた。それは鎖だった。鎖は男の両足から頭まで全身に恐ろしい力で巻きついた。がちゃがちゃいう音が男の耳に届いた。その音は、こういっていた。――おまえがまだ考えているからだ――おまえがまだ思っているからだ――おまえがまだ答えを返そうとしているからだ――

――男は、いまや宙に浮いていた。――高く高く、そしてますます速く――鎖は、男のうしろに果てしなく帯のようにつながって、その末端にある黒い山塊からどんどんほどけ出てきて、上へ上へと伸び上がっていくのであった。

男は、喜悦に満たされて、叫んだ。「おれは、鎖につながれて飛んでいる――おれは飛んでいるんだ――おれは夢を見ている。」

男にはわかったのだ。自分が夢を見ているのだということが。鎖につながれたまま、どこまでもどこまでも、いけるところまで飛んでいくのだということが。

4　Alfred Mombert 1872-1942 ドイツの詩人。表現主義文学の先駆者とされる。コスミックな想像力を展開した詩集『昼と夜』『天地創造』などで知られる。

その男は、フリッツ・マウトナーが言語批判論を基礎づけたのと同じようなやりかたで、自己をいったん封じ込め、しかるのちに解き放ったのだ。男は、世界を一つの像に仕立て上げようとしたときに、自分は夢を見ているのだということに気づく。しかし、そこで、自分が夢に見ているものを言葉にして告げ知らせようとしている者は、自分が手中にしている最高のものを、みんなに受け容れられるように角を取った言葉にして表現しようとすると、その最高のものが溶けて流れていってしまうのだということに、気づいていないのだろうか。

いや、そうではないのだ。あらゆる絶対的なものが死滅し、真理がことごとく破棄されたいま——このようなニヒリズム、このようなアイロニーが生の戯れ、明朗闊達、信じがたい幻想につながる道ではないというのなら、偉大な行為に値するものとは、いったい何なのかということになるのではないか。

幻想か……堅く信じられていた理念、聖なる目標、そうしたものは、かつてはもろもろの民を魅了し、あらゆる文化が創造してきたものだった。われわれが魅きつけられてきたところ——そこには、もはや信ずる者たちの姿はない——われわれは夢見る者であろうとはしないのか。漂泊者であろうとはしないのか。自由人であろうとはしないのか。

よし、ならばいい。それならば、みずからのありかたと世界についての認識を獲得しようとしている君たちすべて、あるいは概念を紡ぎ出そうとしている君たち理論家、世界のなかに入っていってなにがしかのものをでっち上げたり打ち立てたりしようとしている君たち実践家、夢を創り出そうとしている君たち芸術家、君たちに、しばしの間、ほかのあらゆることをさしおいて、まず、この本を、『言語批判論』を読んでいただきたい。そうすれば、こういうふうになるだろうと私は期待しているのだ。

そうすれば、だれもが、人間に由来するものすべてをしっかりと堅持して、それぞれが懐いていた大いなる絶望から終局的に脱け出して、新たな大いなる希望に目覚めることだろう。君たち理論家と芸術家は、ともに、まずもってまともな夢と空想に浸ることになるだろう。君たち建築家は、まずはまともな大胆さを発揮して、かつては想像もできなかったような深慮と勇敢さをもって、建物を取り壊し、建設していくことだろう。

かくして、もはや安定した足場も基盤も失われた場所に、いまやわれわれを支える柱が打ち込まれるだろう。そうした事態を見ていると、私には新しい人間が生まれ出てきたかのように思われてくるのだ。

カントの『純粋理性批判』は、私の見るところでは、単にロマン主義者たちのみならず、一八三〇年と一八四八年における革命的変革とも因果関係をもっているのではないか、と思われるのである。そして、それと同じように、私にとっては、懐疑と根源的否定を追求することを通じてマウトナーが

5　Fritz Mauthner 1849-1923 オーストリア＝ハンガリー二重帝国ボヘミア出身の哲学者。本書で採り上げられている『言語批判論』全三巻で、言語を通した認識が現実にも真理にも到達できない由縁を説いた。「訳者解説」pp.253-257 参照。

成し遂げた偉大な著述は、新しい神秘思想と新しい急進的行動の先駆を告げるものだと思われるのだ。言葉が死んでしまったなら、何が存立しつづけるべく定められているといえるのであろうか。そして、言葉の死に抗して、何が探求されていかねばならぬというのであろうか。

大いなる幻想の解体に続いて新たな世界観の創始者があらわれるということがいつもくりかえされてきた。いつもくりかえされるのはどうしてなのか、その事情を探ってみることは、哲学の歴史を明らかにするうえで、おそらく実りある試みになるだろう。

その反復は、ソクラテスによる幻想の解体に続いてプラトンによる新たな世界観の創造がおこなわれるというかたちで、あるいはスコラ学派が広めた大いなる懐疑の基盤の上にドイツ神秘思想家が生まれてくるというかたちで、さらにはカントに続いてシェリング、ヘーゲル、ショーペンハウアーがあらわれるというかたちで、起こってきた。そして、現在のわれわれにとっては、フリードリッヒ・ニーチェに続いて、不可思議な胎動が見られるようになってきたことを問題にしなければならない。

その胎動とは、いまわれわれの眼前で、個人の内部において展開されている闘いにほかならない。その闘いとは、懐疑に陥っているものと前向きに建設的になっているものとの間の内面における闘いなのである。この闘いのために、安息を求める希求と人間としての誠実さを不断に求めようとする追求とが交錯しており、二つの極の間の行ったり来たりが常態になることが避けられなくなっているのである。

一方には旧き懐疑がある。それは、新しいものの暴走を押しとどめ、それに代わって、人間のゆきすぎに対して充分な歯止めをおこなう防波堤の役割をになおうとするものにほかならない。その一方でまた、カントの純粋理性に対する批判に代わって、理性そのものに対する批判があらわれている。その理性一般に対する批判に着手したのがマウトナーである。そのマウトナーの批判のうちでもっとも重要な点は、理性の代わりに言語を問題にしていることである。

カントは、経験を重視しないところから出発した。だが、彼が経験を重視しないというのは、自分で実際に経験が有効であるかどうか試してみた結果として到達された結論ではなかった。そうではなくて、ドグマにもとづく哲学の伝統的立場を継承したものにすぎなかったのである。

カントにとっては、判断力を具体的に働かせるまでもなく、それ以前に、われわれの理性を通して蓄積された経験にもとづいて下される判断が存在するわけだし、またさらには、純粋理性の判断、すなわちいわゆる先験的綜合命題（Synthetische Satze a priori）、普遍妥当性、客観的必然性が、それ自体において判断を保障してくれるわけである。その判断においては、その構成要素が、はじめからわれわれの知性のなかに、なんらかの経験としてあらかじめ存在しているにちがいないものとして考えられているのだ。

このような形式と原理は、われわれの認識に本来属しているものであり、われわれの内に前もって先験的にあるものなのであって、われわれは、その形式と原理を通じて、まずもって世界というものを、あたかもわれわれがそれを初めて見つけ出したかのように、創り出すというわけなのである。その世界は、形を具えたもので、絶えず運動し、変動し、作用を及ぼしている。なぜならば、この世界を最初に創り出した形式と原理は、われわれがみずからの内にもっているものだからである。空間、時間、量、度数、因果性といったものは、いずれも、世界に帰属するものではなくて、われわれ自身に、われわれの観察に帰属しているのだ。それはちょうど色調というものが、われわれに固有な感覚の働きによっているのと同じだというわけなのである。

世界とはわれわれ自身が空間という客観的形式をとって現れたものにすぎないとするなら、それと同じように、われわれの内にあるもの、われわれの自我の感情、われわれの心もまた、われわれ自身が時間という形式をとっているにすぎないことになるのだ。それがカントの見解であることは疑いようがない。しかし、現代の汎心論者たちは、こうした側面を見落としがちなのだ。当然のことながら、時間そのものは人間の主観性の先験的な形式にほかならない。だとすると、カントの見解は自己撞着に陥ることになる。

だが、この矛盾は、カントの哲学体系のなかにつねにつきまとってくる矛盾の一つのあらわれにすぎない。カントは、この種の矛盾のなかで哲学していくしかないのだ。なぜなら、永久に流動するもの、概念化できないもの、したがって把握することができないものを、みずからが立てた硬直した諸概念によってうまく取り扱っていこうとしたら、こうした矛盾につねに直面することは避けられないからである。

カントの教えに従えば、外部世界においては、われわれの内部世界と同じように、人間の表象のみが生きて働いていることになる。そのようなものである外部世界に関しては、人間の向こう側において現実に存在しているものが何であるのかは、われわれにはまったくわからないわけだ。純粋悟性の諸範疇、純粋理性の諸理念が有効性をもちうるのは、われわれの経験を処理するうえにおいてだけであって――純粋悟性・純粋理性は、あらゆる経験に先んじて、われわれの内に具わっているはずなのにもかかわらず――われわれの経験の枠を突破することができないのだ。

しかしながら、われわれの経験の諸要素は、第一に未知のものであり、第二にあくまで人間的なものである。物の背後にあるこの未知のものは、物質的なものというより精神的なもの（ヌーメノンつまり可想体）であろうと、カントはしばしばほのめかしている。だが、その一方で、たびたび反対のこともいっているのであって、結局のところ、時間という救いの傘の下に逃げてしまったかたちになっている。つまり、物自体にふさわしいものはどこにも存在を求めようがない、ということになってしまう。このように見てくると、内からの世界認識というものは成り立たない！　ということになるのだ。

これがカントの絶望的な認識なのである。カントは、合理主義者であるだけでなく、同時に神秘主義者であり、また汎心論者でもあるのだ。この点については、もっともよくカントを知る人であるショーペンハウアーは、認めようとしないし、また擁護しようともしない。

自我の感情というのは、カントによれば、われわれの判断の主体にすぎないのであって、それに依拠した何らかの方法によって、現実に存在する何かについて、これが確実であるというようなことを知りうるようなものではないのだ。そして、こうした思考において、カントは、カントなりの表現方法で、マウトナーに通ずる途をすでに開いているのである。

マウトナーは、次のようなことを明らかにしている。

純粋理性というものは存在しないし、純粋理性による認識がほかの認識を助けて何かに到達させるというようなことはありえない。経験の助けによって意識が別の意識に変わるということはありうるのだが、純粋理性の助けで認識が別の認識に変わるということはないのである。

普遍的な概念というのは、その内容があらかじめあたえられているような生得の形式なのではない。そうではなくて、単なる言葉、生成された言葉にすぎないのである。そして、その生成あるいは発達についてわれわれが語るのも、また言葉によるものにほかならないのである。そして、われわれがおこなう認識――わずかばかりの認識にすぎないけれど――、それが縮減されたものが意識にほかならないわけだが、そうしたものである意識は感覚がたまたまそういうかたちをとったものにすぎないのであって、それがそのまま客観的な世界認識に到達しうるようなものではまったくない。そうした意識は、われわれが生きていくうえでの利害《インタレスト》＝関心が必要とする方向におのずから発展していくだけなのである。

そして――このことをマウトナーは口を酸っぱくして説きつづけているのだが――それらすべては、みな言葉を通していわれるのである。それ以外の方法を取ることはできないからだ。これがなぜかということは、否定を通してのみ理解されるべき事柄なのだ。

われわれの言葉の背後には何ものもない。言葉によってわれわれに伝えられてくるもの、その言葉のなかで、恐るべき認識を超え出て、最深部から震えるように惹起されてくるもの、それはまったく認識ではなくて、むしろあらゆる認識を断念することを意味しているのであって、何事かを為すか為さぬかを端的に問うことに帰着するものなのである。

カントは次のようにのべた。外部に存在しているといわれる物は、空間という主観的な形式において現象しているものにすぎない。その物の特性は、われわれの感覚が創り出したものであるかのように現象する。そして、それらの間の相互関係は、その基盤になっている時間という主観的な形式の上で、結果において生起してくるものなのである。

カントは、同時に、物を物を通じて説明することを執拗に追求している。だが、そうすると、なんたることか、空間も時間も感覚も物だということになってしまう。あるいは、別の表現をすれば、言葉を通じて物を解明し、言葉を通じて言葉を解明することになってしまうのである。

これに対して、マウトナーは、嘲りの高笑いをもって応え、われわれに呼びかける。

この外部に存在しているのが物であるのは、君らの言語がそれに名詞という形態を押しつけているからだ。そして、その物の特性とは形容詞であり、それらの間の相互関係は、君らが君らが懐く印象を君ら自身と関連づけるやりかた、つまりは動詞の形態を押しつけることを通じて調整されるのである。

君らの世界とは、君らの文法なのだ。だれだって、そういうことがいわれているというだけだとしても、人間の言語の背後に何か名詞的なものが存在しているのであって、だから、そこには異なった範疇をもった言語、異なった世界観をもった頭脳があるというわけなのだと信じたがるようになるではないか。世界観か！　世界観とはわれわれがもっている語彙にほかならないのだ。そして、その語彙とはわれわれの記憶なのであり、そして、その逆も成り立つのだ。この「その逆も成り立つ」という言葉がマウトナーの著作のなかで頻繁に使われていることに気がつくだろう。それは、なんの不思議もない。

マウトナーは、われわれの判断はすべて同義反復にすぎないということ、そして、同一のものをそのように同義反復というかたちであつかうやりかたは、われわれの言葉においてのみ通用するものだということを知っていたのである。言葉においてのみ通用するということは、現実においては——この「現実においては」という言葉を発するとき、マウトナーはいつも、そこに疑問符を付し、微かに悲しげな微笑みを添えるのだけれど——同一のものとされているが、同一なのではなくて、ただ似ているだけだ、とマウトナーは考えていたということだ。

そこに、われわれの思考がたどる連想と、それを通じてなされる概念形成の秘密が隠されている。われわれが同一のものとしてあつかっていたものが、実は似ていないということに気がつけば、そして、われわれの記憶がそのような同一視から逸れていくようになれば、われわれは、概念を拡張するか、あるいは新たなメタファーか意味変移を通じて新しい概念を立てるかしていくことになる……などなど、といった具合である。

世界はわれわれの上に流れ込んでくる。われわれがたまたま持ち合わせている感覚にはいくつかみすぼらしい穴が開いていて、われわれは、その穴を通して、世界からつかめるものをつかみ、そのつかんだものを、われわれがこれまで蓄えておいた言葉の在庫に付け加えるのだ。われわれは、その言葉の在庫に保存できるものしかもつことができないのである。

だが、世界はとうとうと流れ込みつづける。われわれの言語もまた、とうとうと流れつづける。この二つの流れの流れる方向は同じではない。言語の流れは、言語の歴史がひとりでに閉じてしまう方向へと向かっていく。そうなるのは、言語というものが、もともとその法則を維持したままにしておくことができないものだからである。

したがって、こういうことになる。――われわれにとっての世界とは、一つの像である。その像は、きわめて貧弱な媒介、すなわちわれわれが持ち合わせているいくつかの感覚を通して、つくりあげられる。この世界とは、言語のない世界、言葉を発することができない自然である。その自然としての世界は、われわれがいわゆる世界観、われわれの自然についての認識といったようなものをしゃべり散らす、そこから出てくるような世界とは比べものにならないほど、測り知れない豊穣さを湛えたものなのである。

だから、そのときに使われる言語は、これらのさまざまな像の像にすぎないのだ。そこにおいては、すべての言語は、メタファーを通じて生まれ出てきて、メタファーを通じて発達していったのであった。われわれの感覚は、われわれとわれわれが知覚するものを分かち合い、そこから、記憶によって、また言語によって対象を把握することができるのだ。[6]

われわれの神経がみずから関わったものについて知る内容は、神経の所有者であるわれわれがおぼろげに知る内容よりもずっと豊富だし、われわれの意識が知り、言語がつかむ内容よりもずっと豊富なのである。世界は言語のないところに成立している。「わかった者は言葉を失う」といわれ、「人間は知をもってはすべてを知りえない」（Homo non intelligendo fit omnia）といわれるように、言語や知は、世界をわれわれの身近にもたらすうえで役立たないし、世界をわれわれのなかにあるものに変換するうえでも役立たない。それに対して、言語をもたない自然のほうが、すべてにわたって人間を変えるのだ。それは、そうした自然は人間の全体に触れてくるからだ。

神秘思想は、ここから出発する。マウトナーは、当然のことだが、ここに来たときに言葉を使うのをやめる。だから、神秘思想家が何かを語ろうとしたときには、そこで語られることは、半分遊戯でしかなく、幻想にすぎないし、言葉の芸術にすぎないし、いろいろな像をふたたび像にして描いているにすぎないということを自覚していなければならない。

しかし、マウトナーは、そんなふうにして遊戯をしている暇はなかった。彼は、まず徹底して真剣になった。そして、われわれの世界観、われわれの宗教、われわれの科学、われわれの文芸と遊戯というものが、いったいなんなのかということを洞察しようと努めねばならなかったのだ。そのとき発揮される真剣さ、闘争、本性を隠す仮面は、概念と言葉から放出されてくるほかない。

マウトナーの言語批判は、新しい芸術と生の遊戯へ通ずる扉をおのずから開くものだった。そのときにあらわれる生の遊戯とは、もはや人々にとっては真剣に受け取るべきものではなくなっており、それ故に、そうしたものを追求することが、そのまま大きな闘い、大きな冒険、前代未聞の冒瀆、驚嘆すべき美へとみずからの身を捧げるものになっていくことだろう。

これから私が探求をおこなう場である生の遊戯に向かっていくにあたっては、外部の物のなかに存在する世界については、あらかじめ何も知られていない。物のなかに存在する世界は、われわれの感覚が構成するものとしても未知のままであり、またわれわれの言語が用いる言葉においても未知なのである。そんな未知の世界を、われわれの隠された本質の内的核心において、すなわち個人に固有な領域において、発見していくのである。

そういう世界に、みずからの内面に穿たれた坑道を登るようにして、向かっていくのだ。そのようにするのは、自己の内に存在する太古からの宇宙生成史の歴史過程を逆に遡っていくためだ。人間の内部にある魂のようなものが、無限の宇宙の機能あるいは現象形態であるということを示そうとするなら、また個人、共同体、人間性、芸術、宇宙といった言葉から、そのなかに含まれているわれわれ

6　ここで、今後も出てくる問題なので、「感覚」と「知覚」の区別について注記しておくことにする。「感覚」（Sinn：Empfindung）は「運動能力を持つ生体が、体の内外の諸刺激を弁別的に受容する際に生ずるもの」（『哲学・思想事典』、岩波書店）と定義されており、受容器官の違いに対応して視覚、聴覚、触覚、嗅覚、味覚などに分けられる。「知覚」（Wahrnehmung）は「感覚器官を介して外界についての知識を獲得する活動」（同前）と定義され、感覚（Empfindung）と判断（Urteil）をつなぐ役割を果たすと考えられるが、そのときに感覚と知覚の区別の基準については意見が分かれる。

の最高の感覚においてどれが真に現実的なものなのかを引き出そうとするのであれば、われわれは、バークリ、カント、ショーペンハウアーが指し示したところに、臆せず、またごまかして逃げようとせずに、進んでいかなければならない。

さらに付け加えていうならば、私の主体というものから出発するなら、すなわち私の固有性がそれだけで独立した統一性をもって実在していることを認めるところから出発するなら、そのことによって、そのほかのあらゆるものの実在性を否定する立場に身をゆだねることになるのだということを確認しておこうではないか。

そうなってしまえば、私自身にそなわっている直観形式としての空間と時間、私自身のあらゆる身体性、私の頭脳、私の感覚器官、そして何よりもまず、読者である君自身が、すべてまるごと、私が心のなかから紡ぎ出した幽霊のような存在に化してしまうのだ。また、それと同じように、意識は永遠の現在にあることになり、そうなれば、すべて過ぎ去ったものは、そうした意識とは隔絶されたものになってしまい、それによって、何かを発展史的に説明することはまったくできなくなってしまうのである。このような見方は、いつまでも反論の余地なく成り立つもので、これ以外の見方は立証することが不可能なのである。

しかし、同時に、私がいま出発点においた前提条件、すなわち私はそれ自体で孤立した統一性を保っている存在であるという内的感覚もまた、けっして立証できるものではない。そうした内的感覚は偽りのものでありうるし、実際それは偽りのものであると私はいいたいのだ。なぜそういいたいかというと、私は、そういう内的感覚を通じて途方もない孤独に身をゆだねることで満足をえようとは思わないからである。

だが、そのようなことになればどうなるのかを知っておくべきである。そうした内的感覚に導かれていけば、どうなるか。私の内から出た確実なもの、そのように思われるものである唯一者を置き去りにして、高みをめざして、絶対的な公準と幻想の荒海へと乗り出していくことになるのだ。

そこにおいて、私は自己というものがもつ確実さを断念する。その自己の確実さに頼ることによってこそ生きることに耐えられてきたというのに、それを捨てるのだ。私は、自分自身の内的感覚にもとづく意識をもって新しい世界を建てる。だが、そのとき、私が建てたものが立つ基盤は、私の内にはないのであって、そこにはただ一つの必然性があるだけなのだ。

そうした必然性にもとづいて生きていこうとする衝迫——それは無限の力をもった生がもたらしてくれるのだが——その衝迫それ自体のなかに解放されて歓呼の声を挙げている力があるのだ。いまから、そのなかで私が見ている世界、そのなかで私が働いている世界は、私自身の世界であり、私自身が創り出した世界なのだと知ることになるのである。

唯一者としての自己がまったく孤立し、神に見捨てられたものにならないようにするために、私は世界を認知し、その世界に自我を委ねる。しかし、それは、自己を世界に解消するためではなく、自己をみずから委ねた世界を、自己を受け容れたものとして感じ取るためなのである。

水に身を投げる自殺者のように、私は真っ逆さまに世界に向かって身を投じる。しかし、その世界のなかに、私は死を見出すのではなく、生を見出すのだ。自我は死んだが、それによって世界のなかで生きることができるようになったのだ。そこで手にするのは、絶対的な現実性ではないといえるかもしれない。それは確かに剥がし取られた現実性であり、普遍的な現実性ではない。だが、そうであるにしても、それは私が私のために創り出し、私の内で働かせ、私に対して有効であるような現実性なのである。

その現実性において、われわれは、抽象化をおこなうのではなく、すなわち死んで空になり荒れ果てたものにしてしまって剥離するのではなく、われわれの内にあるさまざまな力を凝縮して結集する方向を対置するのである。そして、宇宙のすべてをわれわれの力の及ぶ範囲に引きつけ、引き入れるのだ。

それが首尾よくおこなわれるならば、抽象化と概念的思考は終止符を打たれることになるだろう。マウトナーは、そうした思考すべてをいっしょに打ち倒してしまう棍棒を振るう武者なのである。

カント以降、抽象的思考は、もはや生きた世界を抹殺する企てに導かれていくしかなくなっている。そうしたなかにあって、しかしいま、ついに生がこれに抵抗して頭をもたげ、逆に死んだ概念を抹殺しようと起ち上がったのである。かくして、死者がさらに死ななければならないことになっているのだ。こうして、絶対的なかたちでの世界の解明、その苦渋に満ちた虚しい探求に代わって、新たにとらえられて歩まれる世界像は、それぞれが異なっていて、かつたがいに相補いあうかたちで進んでゆくことができるのである。

その新たな世界像が、「ありのままの」世界ではなく、われわれにとっての世界でしかないことは、われわれは承知している。その世界像は、われわれの自我の感情の助けをかりて、感覚を超えたものの領域に到達しようとするものなのである。そしてまた、われわれの生のあらゆる豊穣さ、われわれの情熱、そしてもっとも深い静謐さをもって世界をとらえようとする試みなのである。

世界に触れ、世界をつかもうとする試みを続けているうちに、われわれは疲れてしまい、意欲を失ってしまったのだ。その結果、世界と自分たち自身とを合体させることをやめて、生きた世界をみずから抹殺し、われわれが懐く観念連合と普遍概念の虚ろな容器のなかに誘導していったのだ。けれど、この容器は、個室に分かたれた居心地の悪い多数の部屋からできていて、そこは、われわれの喜びにあふれた直観や輝かしく飾り立てられた生の衝動が入っている住み心地のよい空間からは用心深く隔離されており、そこにはNo.0という警告の印がつけられているかもしれないのである。

われわれは、いまや、別の途を選んで進んでいく。世界をして、われわれの内を通過させるのだ。通過させる前に、世界がわれわれの内を通っていくときに、われわれがみずからの内で世界を感じ取り、世界を体験する準備ができている状態を創り出しておく。そうすれば、逆に、世界によってわれわれが把握され、理解されることになるのである。

これまでは、自我と世界とは、一方に哀れで弱くて、働きかける自我、他方に近づきがたく硬直して生気のない、働きかけられる世界というふうに、たがいにまったく分離されていた。これからは、われわれは世界の媒体になる。働きかけると同時に働きかけられるものとして一つになるのだ。これまでは、われわれは、世界を人間精神に変換することで満足していた。これからは、われわれ自身を世界精神に変換するのだ。

それは可能なのだ。偉大なる異端にして神秘思想家の、老いたるマイスター・エックハルトは、正しくも、こう言明した。もしわれわれが、小さな花を、その本質を含めて、まったきかたちで認識することができるとするなら、それによって、世界全体を認識したことになるのだ、と。しかし、エックハルトは、さらにこう付け加えている。われわれは、われわれの身体の外側に付着しているわれわれの感覚をもってしては、そうした絶対的な認識に到達することはできない、と。

「神はいつでも受け容れの用意を整えておられる。だが、われわれは、用意ができていない。神はわれわれの近くにおられる。だが、われわれは、遠く離れている。神は内におられる。だが、われわれは、外にいる。神はみずからの家にとどまっておられる。だが、われわれは、よそ者のところにいる。」

マイスター・エックハルトは、さらにわれわれに途を指し示す。神のイメージを語った言葉をこそ理解しなければならない、というのだ。彼が示した言葉は、あの神に憑かれた修道女、聖女カタリナ[7]が、歓喜の声を上げて彼女の主に向かって跳躍したときの言葉である。カタリナは語った。

「主よ、私とともにお喜びください。私は神になったのです。」

カタリナは、かつて名前をもっていたものすべてを忘れていた。そして、自分自身からも、またそこにたがいに区別されて示されていた諸々の事物からも、遠く引き離されていた。そして、我に返ったとき、口ごもりながら、いった。

「私が見出したことは、だれもことばでとらえることはできません。」

しかし、ようやく話しはじめたとき、次のように告げた。

「私がいまいるところは、私が個人としての人間になる前に私がいたところです。そこには、ただ神が、そして神のみがおられます。……人がことばで言い表すものすべて、また人々が形として表すものすべては、神へと誘う手立てにすぎないことを知らなければなりません。神のなかには神以外の何物もないことを知りなさい。神のなかに入っていける魂があるとしたら、自分が個人としての人間になる前にそうであったように、自分が神になることを通じてのみ、入っていけるのです。……言葉で言い表せるかたちでいわれれば納得がいくというなら、次のようにいいましょう。神は言葉です。天の国は言葉です。ここにとどまって、魂の力をふるいおこし、知と愛をもってさらに先に進もうとしない者は、まちがいなく信仰なき者と見なされなければなりません。……名前をもつすべての事物のありのままの姿を明らかにするのは、魂なのです。善き人間が地上に生きているかぎり、その魂は永遠につながっていくことを知りなさい。だから、善い人たちは好ましい生き方をしているのです。」

7　シエナのカタリナ（Caterina da Siena 1347–1380）のこと。イタリアのドミニコ会の修道女で、ドミニコ会守護聖人に列せられた。なお、マイスター・エックハルトもドミニコ会修道士であった。

われわれが世界をわれわれのもとに包み込みながら共同社会を到来させるために歩むべき途は、外側へと展開していくのではなく、内側へと向かっていくものでなければならない。結局のところ、われわれがふたたび悟らなければならないのは、われわれは世界の諸々の断片を知覚するだけではなく、みずからが世界の一部にならなければならない、ということである。花を把握しつくすことができる者は、世界を把握することができる。であるならば、まったきかたちで自分たち自身に向き直っていこうではないか。そうすれば、まさしく宇宙全体が見出されるのである。

次のことを明確にしておこうではないか。

われわれの内に固有に実在するもののみが現実的なものであるとするかぎりにおいては、個々別々のさまざまな物質はすべて実際には幻影であって、われわれの視覚と触覚と直観的空間把握がその幻影を外部世界だと思い込んでいるだけであるということ（比喩的な言い方をすれば、視覚・触覚・直観的空間把握という三つの感覚にしても、これまたやはり物質なのだ！）。

われわれの内的感覚にとっては、さまざまな魂（Psyche）があるだけであり、われわれがみずからの貧弱で取るに足らない自我を唯一実在するものとみなすことを拒むとしたら、そうした魂を所与のものとして受け容れなければならないということ。

これらのことをはっきりとさせておこう。

だが、その一方で、世界というものを承認することは、われわれの思考の前提条件であり、その前提条件が働いてこそわれわれが生きていけるのだということを忘れてはならない。そして、この関係は、類推によって、魂を吹き込まれた世界と同じように魂を吹き込まれたわれわれの思考との間の関係にも成り立つのだ。それによってこそ、われわれにとって不可避なものとして要求される議論が、ドグマやいわゆる科学になってしまうことを免れるのである。

さらに忘れてはならないのは、「世界に魂を吹き込む」というのは、世界を道徳化することでもなければ、世界原理から導き出されうるような道徳を建てることも意味しないということである。倫理に関するドグマや道徳の科学的根拠づけといったものは、我々人間の智慧がやっとのことで到達した最低限の線にすぎないのだ。

そこで、さらにはっきりさせておかなければならないことがある。物事を明らかにするとはどういうことなのか。われわれにはもうわかっている。それは、われわれみんなが必要としている見解を共有するために、心安らかに、ともに思いを同じくするということなのだ。

そういう観点からするなら、過去・現在・未来、そして此岸・彼岸というのは、ただひとつのものとして統合された永遠の流れ、無限なるものから発し無限なるものに至る永遠の流れにほかならないのだ。われわれにとって必要であり、それ故真実であるこの世界にとっては、一つの原因が一つの結果を生むということはないし、また一つの作用が別の結果に至るということもない。そのような推定は、孤立した物体からなる領域においてのみ成り立つものであって、荒波逆巻く上げ潮の海のようなわれわれの魂の力においては、成り立たないのである。

そんなことをここでいったら、あまりに飛躍しすぎることになるかもしれないが、人間は、孤立した身体などというものはないし、それが離れたところに及ぼす作用など存在しないということを、身体のメカニズムを通じて次第に知るようになるのである。気体とか波動というものが物質的なもののうちに存在するということは、イメージとしてよく知られている（そうしたイメージから導き出された事実が自明のこととして受け入れられている）。微粒子・エーテル理論というのは、この種のものの一つである。この理論が、ただ単に、ある仮説を成り立たせるための補助概念として、あるいは仮説を破綻させないための言い逃れとして導入されたものだと受け取られているにしても、この種のものに入ることは確かである。

要するに、こういうことである。つまり、世界を物質で構成されているものとしてのみ理解することができるということは否定できない。だが、それは、無数の多様な世界観が成り立ちうるから、それも成り立ちうるということにほかならないのだ。敬虔なるスピノザは、この「無数の多様な世界観」を「無数の多様な神の属性」と言い換えているけれど、それらすべてが成り立ちうるのだから、唯物論的世界観も成り立ちうるということにすぎないのだ。そして、唯物論的世界観がこのような意味で成り立ちうるということは、もしその世界観を採るなら、すべてを物質の構成として理解し、精神的なものを考えることをいっさいやめるということなのだ。

ほんとうにすべてを物質として把握しなければならないのであって、その一部といえども、精神的なものとしてとらえることはやめなければならないのだ。物質と精神という二つの領域を折衷してはならないのである。というのは、そのような折衷をおこなうなら、精神的なものが物質的なものから生まれてくるということを概念的に把握することができなくなるからだ。そのことをすでにスピノザは意識していた。

このような唯物論的把握に対して、われわれは、ロック、バークリ、カント以降、物質を、いかなる例外の余地もなく、すべて精神を通じて表現されるものとしてとらえる方向に転換した。精神を通じて物質を表現するということになれば、個人の霊魂という虚構を立てるか、あるいは比喩的に世界霊の部分霊（Teilseelen der Weltseele）というものを設定するかのどちらかになる。個人の霊魂というものについては、すでに否定したところであり、結局、世界霊の部分霊というものを無条件に前提にするしかないということはいまのべたとおりである。こうして、いまや、精神を通じて世界を把握することが、物質を通じて世界を把握することよりも、並はずれて優位に立つことになっているのである。

それにもかかわらず、一方で、われわれは、物質的なものを一所懸命に探求すべきなのである。なぜなら、そうした探求があってこそ、物質的なものを精神的なものによって即座に適切に比喩的なかたちで表現することができるようになるのだからである。われわれの感覚に現れてくるものについて、それに対する精神的な新しい解釈を下していくことができるためには、その現れてくるものが客観的にはどういうものであるのか、確かめる作業を絶えずおこないつづけなければ、世界霊についてのわれわれの表現は、まことにみすぼらしい戯言に化していってしまうのだ。

われわれと世界とが結ぶ婚姻関係というのは、とてもこみいった、骨の折れる関係なのである。そうではあるけれど、その関係には、さまざまな悦ばしいことどもがまとわりついているので、われわれは世界と離婚する決心がつきかねるのである。うまくやれば、上機嫌の明るい表情とともに、その悦ばしいことどもを、世界との関係のなかに見出していくことができるのだ。そうすれば、その関係のなかに入り混じっている、不愉快な罵りや悪態にまみれた、あのペシミズムと呼ばれる、まったく建設的でない状態などは、回避することができるのではないか。

われわれは、次のようにいう。――現実に作用しているものこそが現実に存在しているのだ。現実に作用するものは、突いたり押したりして、力を行使する。力を行使するものは、そこに存在しているものだ。そこに存在しているものは生きている――と。このような物の見方をすれば、ずっと前から死んでいるものがまだ作用しているとか、それはまだ効力があるにちがいないなどというのは、道理に合わないということになる。

そうであるならば、すべての原因は生きているものであるということになる。そうでないならば、それは原因ではない。死んだ自然法則などというものはない。原因と作用は分離できない[8]。原因と作用はおたがいに隣り合っているのだ。原因と作用というのは、一方から他方への一つの流れなのだ。そして、一方から他方への流れが、ほんのごくわずかに他方を豊かにし、また今度は、他方から一方を豊かにする流れが起こるとするならば、そこには永遠にくりかえされる流れが生まれ、それはいわゆる相互作用と呼ばれるものになるのだ。そうであるならば、そこには――硬直した考え方をする人たちは、そんなことを知りたいとも思わないだろうが——何かが存在していることになる。
物質は固くこわばっている。だとするなら、唯物論者もそうであっても不思議はない。
この原因と作用との往還を含む、永遠に生きているものの間の相互環流においては、隔絶されているものはもはやなにものもない。そこには、死と隔離が占めるべき場所はないからだ。それがマクロコスモス[9]なのだ。ゲーテが描いたファウストは、このマクロコスモスの表れを見て取って、歓喜の叫びを上げる。

わしが神なのか。わしの心はひどく明るくなる！
この符の清らかな線を見ていると、
作用する自然がわしの魂のまえに現われてくる。

8　原文は「Ursache と Wirkung との間に Trennung はない。」このとき Wirkung は「結果」ではなくて「作用」と訳すべきだろう。Keine Wirkung ohne Ursache.（火のない所に煙は立たない）というのは、火という原因と燃焼という作用は切り離せない、ということなのだろうから。

9　ミクロコスモス（Mikrokosmos 小宇宙）に対するマクロコスモス（Makrokosmos 大宇宙）は、森羅万象を意味する the universe : space としての宇宙を指す。これに対し、ミクロコスモスは人間のことを指している。これらの名辞が対で使われるのは、大宇宙の本性が人間のなかにも内在されており、逆に大宇宙そのものが一箇の人間に類比されるというとらえかたによるものだ。これは西洋思想に限らないもので、東洋にも「天人合一」という思想がある。

作用する自然——これはゲーテの師であるスピノザのいう「能産的自然」（natura naturans）であり、もともと中世の神秘思想家や実念論者の思想から採られた概念である。われわれは、人間は神になるという指摘、人間は世界を認識する代わりに世界そのものになりうる、あるいは世界そのものでありうるという指摘に、何度もくりかえし出会う。それはおそらくは、キリスト伝説をきわめて深く解釈した結果出てきたものであり、あるいはイエス自身がその深い意味を学んだのかもしれない。これについて、マイスター・エックハルトは、「人の子」でもある神に、われわれに向かって、こう語らせている。「われれは、なんじらにとって人間となった。そのゆえ、なんじらがわれにとって神でないとするなら、なんじらはわれれに義をなしていないことになる。」——と。

これまで中世の実念論者について、さまざまなことが言及されてきた。彼らが実念論者と呼ばれているのは、普遍的なもの、すなわちもっとも空疎な抽象概念や類別呼称をもって現実にあるものを説明してみせるからである。彼らは人間の手と人間の脳がつくりだした抽象概念をあたかも壺か鍋のような容器として、そこに美徳だとか神だとか不死だとかいうものを入れて、もっぱらそれに頼ることに汲々としてきたのである。このような立場は、彼らの論敵である唯名論者にとって、反対の恰好の標的になってきた。深遠そうな体裁を取りながらまちがった方向にはまりこんでいく時代状況の下で、唯名論者が自分たちの皮相に見えて実は機知に富んだ思想を貫き通していくのはなかなか困難だったのだけれども、唯名論者は実念論者を、そうした概念はなんの実在性ももたず、ただ単なる言葉にすぎないといって、論駁したのだった。

唯名論者たちは、必要とされていた清掃作業をやり遂げた。実念論者の脳髄に巣くった幻想から、実在性と神聖さを奪い取ったのだ。マックス・シュティルナー[10]こそが最後の偉大な唯名論者であり、彼はラディカルな徹底性を発揮して、抽象観念の幻影を根本から一掃したのだった。シュティルナー理論のエッセンスは、彼がその通りにのべたわけではないが、次のようなことばに集約されるだろう。「神概念は払拭されなければならない。といっても、神が宿敵なのではなくて、概念が宿敵なのだ。」

シュティルナーは、実際に働いているすべての抑圧は、結局のところ、みんなに尊重されて神聖さを獲得することになった概念と理念によるものである、ということを発見したのである。恐れを知らない、強く決然たる豪腕によって、神、聖性、道徳、国家、社会、愛といった概念は、片っ端から嘲笑され、空虚さを暴かれた。目を瞠るような行論をもって、そうした抽象概念が無価値なものを膨らましただけのものであり、それぞれが個物の集積にあたえられた表現にすぎないことが証されていった。最後の唯名論者シュティルナーは、神に代わって座を占める実在性をもったものとして、具体的な個別的存在、すなわち個人を立てたのである。こうして、いまや神の座は、唯一者とその所有によって占拠されることとなったのである。それが、シュティルナー的憑依状態というべきものであった。

10　Max Stirner 1806-1856 ドイツの哲学者。ヘーゲル左派の思想家として、主著『唯一者とその所有』で、自己の固有性を全面的に発展させることが真の自由をもたらすと論じ、個人主義的アナキズムの源流をなしたといわれている。

かくして、われわれは、たがいに対立しあいながら補完しあう二つの営みを同時におこなわなければならないことになる。一方で、孤立した個体が具体的なかたちで存立することはありえないと証明すること、その一方で、実念論者の学説に含まれている深い見識のなかから、生かすべきものを取り出すこと、この二つを同時におこなわなければならないのだ。

これまで百年にわたっておこなわれてきた迂回は、むだなものではなかった。しかし、いまや、個人というものはありえず、相互共属と共同関係のみがありうるのだということを洞察すべきときが来ようとしているのだ。集合名詞というものが個体の集合を意味するものでしかないとするのは正しくない。集合名詞というのは、個体を、大いなる全体のひとつの現象形態、ひとつの通過点、一瞬の電光にすぎないものにしてしまうのである。もちろん、これとは別に、これまで受け継がれてきた類別名称なんて、個体がその束の間の電光であるにすぎない全体というまとまりを、安直な千篇一律さで表現してきただけのものではないか、という疑問を否定することはできない。

思い出してみよう。われわれにとってもはや過去のものになった原因などというものはないし、死んだ自然法則などというものもない。また、経験に先んじて成立している原理などというものも、もはやありえないのだ。われわれが認識するのは、内部生命、現にここに行使されている力のみである。もはやありえないのだ。

そういうところにありながら、今日の科学者のような、頑なさを代表する者たちは、新しく生まれた個体について、これは遺伝にもとづいて、これこれこういったものとして造られている、などというう。それに対して、われわれは、こう答えよう。その遺伝というのは、どこにあるのか。天にあるのか、それとも過去にあるのか。それは、死んだ、鉄のような、不動の遺伝法則で、孤立して存在した生物から、父とか、あるいは名付け親のようなものを通じて受け継がれてくるものなのか。そうではなかろう。

抽象的な遺伝などというものも、具体的なかたちをとった個人などというものも実在しないのだ。遺伝というのは、現在ここに生きて存在しているものを分解し過去に移して呼んだ言葉でしかないのだ。個体というのは、きわめて流動的で、つねに関係しあって存在しているものを、固定した絶対的なものとして表現した言葉にすぎないのだ。遺伝というのは、非常に現実的でつねに現前している力であって、その力は、生命を維持しながら前進していく世界に新しい形態と姿態をあたえるために働いていているのである。個体というのは、人間が人類とか生物種とか宇宙とか呼んでいる魂の流れが発するきらめきのことなのだ。

われわれは、個人として世界に外部から接近して、世界を見て、探って、匂いを嗅いで、聴き、味わう。そして、向きを変えて、自分自身に向かっていき、自律した個人感情というものを越えて、その外に出ることに最後には成功する。いまある自分、自分のなかにある祖先のもの、それらはわれわれのなかで働いており、生きて、活動している。そして、外部世界に接触し、徘徊する。それから、自分自身の外に出て、自分とともに自分の子孫に移り行く。それは、無限なるものに発して無限なるものに達する頑強な鎖なのだ。その鎖は、個々の部分が壊れたり、複雑に変化したりしても、破壊されることはない。

そうであるならば、われわれがなすべきこと、生きている間になすべき働きは、その仕事を通じて万物と結びついているもの、そうした総体の一部分でなくてはならない。そして、われわれの亡骸は、その上を通って世界のなかをわれわれがさらに歩んでいく一つの橋になるのである。クレメンス・ブレンターノはこういった。「生は永遠以外の何ものでもない。われわれは、永遠の一部を、そこに隠されている死とともに受け容れ、自分のものとするのである。」そのとおりである。「すべて生あるものは死す」という言葉は、相対的には真理だが、些細な、何もいっていないに等しいものでしかない。これに代えて、こういう言葉を立てるべきなのだ。「生あるものはすべて、くりかえし生きる。」

すでに見てきたように、世界と名づけられている、あの無限で多様な魂の流れを表現するためには、物質と身体というものでは、まったく不充分であり、ほとんど時代遅れの表現しかえられない。しかしながら、これに対してわれわれが新しく立てた見方は、まだ生まれたばかりであり、それを表現するのに用いる言葉は、まだほとんど一般には通用していない。したがって、旧い表現に留保を加えて使いつづける以外にない。しかし、そうしても、そう大きな支障を生むことはない。なぜなら、凡そわれわれの分析や説明というものは、多かれ少なかれ漠然とした近似的なイメージを求めるようなものであって、そこにはつねになんらかの留保がつきものだからである。また、われわれは、われわれ自身の世界像をつくるために、並行して相補いあうたくさんの世界観を、いつでも使えるように準備しておかなければならない。だから、一定の留保はつきものなのである。

物質的・身体的な側面からえられる認識をよく観察してみよう。そうすると、明らかになるのは、個々の人間、個人といわれるものが、過去の人類と身体の上で断つことのできない緊密なつながりをもっているという覆しえない事実である。誕生のときに、子供と母親をつなぐ臍の緒がもぎ取られてしまうことは確かだが、しかし、人間の肉体と祖先とを結びつけている見えない鎖は、しっかりと保たれている。そうであるとするなら、遺伝というのは、祖先の世界がわれわれの肉体に対して、そしてまた精神に対して及ぼす不気味な、けれど親密で、なじみ深い力、逃れがたいその力による支配にほかならないのではないか。そしてまた、その力と支配とは、現在と共同社会に存するもの以外の何ものでもないのではないか。

われわれ人間が、毛皮のような毛に覆われていないなめらかな皮膚をもち、突き出ていない顎をもち、直立歩行しているのは、遺伝の結果であり、それがさきほど支配といったものである。すなわち、これを遺伝というのは、猿から進化した最初の人間が、非常に長い期間を隔てて、われわれに力を行使しているということである。あるいは、言い方を換えるなら、この最初の人間がわれわれのなかから作用を及ぼしているのだ。その最初の人間は、われわれのなかにいて、われわれがそれを自分のなかに見出し、そこに自分自身を感じるかぎり、依然として生きているのである。

というのは、結局のところ、すべて効力を有するものは現在に存在するものでなければならないということを人は理解するに至るということである。つまり、過去にあった原因ではなくて現在生きている原因があるのだということがわかるようになるのだ。あるいは、この場合に適当でない「原因」(Ursache) という言葉を使わなくてよいということになれば、自由に次のようにいうことができよう。

原因は死んでいる。生きているのは、生きた有効な作用なのだ！——と。そして、ショーペンハウアーがいった「すべて現実的なものは有効なものである」という言葉を逆立させて、「すべて有効なものは現実的なものである」ということができるだろう。そして、この意味において現実的なものとは、大いなる共同社会であり、相互関係なのだ。また、wirklich［現実的］という語は——シュヴァーベン地方の方言では、まさにそうなのだが——gegenwärtig［現在の］、momentan［この瞬間の］という意味でもあるのだ。

われわれの存在は、父祖以来永遠に生きる一族結合体の一齣をなしている。「永遠に生きる」といったが——いい機会なので指摘しておくと——、ここでいう永遠とは、また時間の推移のことをも指しているのである。ショーペンハウアーは「無時間的」といったが、これは時間が無限に推移していくことにほかならないのだ。

私が恐れるのは、われわれがこの問題について探求を試みるとき、絶対的な無時間性というものを立ててしまい、それによって時間の推移を揚棄したつもりになり、過去・現在・未来を一種の静止した同時性として見出すことである。「静止した同時性」というのは、とっさに出た言葉だが、そのようなかたちで無限空間像をつくりだしてしまうことに注意しなければならない。

われわれは、時間を空間的に、あるいは空間を時間的に表現することができる。時間を空間に、空間を時間に飲み込ませてしまうのである。しかし、時間と空間のどちらもともにのりこえてしまうことは、きわめて強い集中と没頭をもってしても、なしえないのである。

すべて空間的なものを時間的に表現することは、おそらく、次代の人間にとってもっとも重要な課題の一つになるだろう。なぜそうなるのか。われわれの言語は、すべて、空間をあらわす定量的な言語と、態様をあらわす定性的な言語からなっている。樹木、人間、哺乳類——これらの概念は、そしてそのもとになっている個々の具体的なものはなおさらのこと、態様を知覚することを通じてつくりあげられているのだ。これに対して、聴覚の助けを借りて、世界のすべてを時間的に聴き取り、言葉で言い表すことができれば、どんなにすばらしいことだろう。音楽こそが、こうした新しい言語のさしあたりの端緒になるであろう。

遺伝によって結ばれた巨大な共同社会が現実に存在する。祖先は、今日でも影響を及ぼしている以上、いまも生きているといわなければならないのだ。

われわれの人間としての、あるいは動物としての祖先——さしあたり、これらについてのみ語ることにするが——それらが、最後の痕跡を消して、失われてしまってから久しい。地上を何度も何度も探しまわったあげく、見出されたのはわずかな名残にすぎない。しかし、こうした古生物学上の遺物は、われわれ自身のなかに生きている。これらの死に絶えた動物は、いまだにそこに生きつづけているのだ。ただし、それに気がつくためには、表向きの顔とは別の第二の顔を見分けることが必要なのである。われわれは、このなおも残っているものの一部なのであり、われわれの子供もまた、われわれの子供であると同時に、祖先の子供でもあるのだ。

最初から地上に生きつづけてきた個々の肉体は、ばらばらに孤立した個人のただの総和ではなくて、すべてがともに結びつきあった、大きな結合体、まったく現実的な働きをもつ身体の共同社会、一箇の有機的な組織体なのである。その一箇の有機的組織体は、おのずから永遠に変化を続け、永遠に新たな個別的な姿態を見せつづけるのである。

われわれの上意識は、自己のなかにあるいわゆる無意識的な、つまり上意識には知られていない衝動・反射・自動的身体反応からなる生、強力で現実に存在する魂の生のことをほんの少ししか意識しない。それと同じように、つねにわれわれのなかで働いている祖先の生と偉大なる祖先の支配とを意識することもあまりないのである。そして、これを意識しない状態は、けっして覆されることがない。そういう状態を承認しなければ、生も世界も幻影になってしまうという動かしがたい前提があるからなのだ。そうでなければ、すべての物質、外部に知覚されるものすべてが幻影になってしまう。

つまり、すべて存在しているものは、対象として存在しているのであり、すなわち意識された存在だということである。「それは存在する、ゆえにそれは思われる」(Est, ergo cogitat) ――われわれのデカルト哲学の基礎語彙には、そう書かれているのだ。人類というのは、なんら抽象的な、死んだ概念ではない。人類とは、現実に存在するものであり、個々の人間は、その意識とともに、それぞれに生成し、変化し、姿を変えていく。ということは、そのような変化して新しいかたちを取った個々の幻影を通じて、人類というものが目に見えるものとして現れてくるのである。人類というのは、また――すでに見てきたように――それは宇宙でもあるわけだが、そうした人類＝宇宙というのは、プラトン哲学的な理念であり、スコラ哲学者のいう「もっとも実在的な存在体」(ens realissimum) なのである。
痩せた土地に立つ一本の木があって、その木の枝が肥沃な土壌に垂れ下がる。すると、古い木が死に絶え、若木が葉枝を伸ばして育って、新しい木になる。それと同じように、人間は、ある面から見れば死に、別の面から見れば死なない。人間は、子供のころから、また自分の仕事をやることを通じて、みずからを変え、他の人たちと力を合わせて生きていく。

われわれは、まず物質的なものを度外視して、精神的なもののみを尊重することにしよう、というふうにいうことは可能である。だが、私は、もちろん、言下にこれを否定する。いや、いや、それはだめだ、と。みずからの魂においては精神的なものだけを感じ取り、個人の身体に関わるものは外部感覚においてのみ知覚しようと思う者は、自分自身の自然な経験を、学派のドグマによって台無しにしてしまうのだ。内部においては、物質と精神はまったく切り離すことができない。両者は魂というかたちをとって一体なのだ。

しかしながら、われわれは、ここで、いったん物質と精神を人為的に分離してみる試みをおこなってみよう。そして、そのやりかたに対する反駁を積極的に取り入れるのだ。この試みでは、こういわれる。個体における遺伝の力や種の精神は、せいぜいのところ、習慣と道徳の伝承に限られるのであって、それは畜群の道徳のようなものにしかなりえない。これに反して、個体というものは、個々みずからを外に対して立てるものであって、それぞれが特異なものであり、それぞれが明確に区別されるものだ、というわけである。

しかし、逆もまた真なりである。こうもいえるのだ。過去の同族の習俗や道徳が遺伝によって獲得されるものの領域をどんなに幅広く占めているとしても、それらの大部分には、環境や権威に依拠して偶然に形づくられる共同関係といった、外部から生じた、それらとは本質を異にする遺伝の力が織り込まれているのである。個体がどういうものになるかは、神の恩寵と誕生のときに決定されているものに拠っているのであり、遺伝の力というものは、自分が自分自身であるということにほかならず、自分の性格というものをなしているのであって、それに対して外部からは表面的な微妙な違いや調整をもたらしうるにすぎないのである。

個人は、みずからの上にしっかりと立てば立つほど、みずからの内に深く引き込まれていく。そして、個人が共同世界の影響から離れていけばいくほど、ますますその個人は過去の世界と重なり合うところにみずからを見出していくようになる。そして、それとともに、自分の家郷ともいうべきところから発しているものと重なり合っていくのである。みずからの家郷ともいうべきところから発している人間とは、その個人のもっとも深奥にあるもの、もっとも秘められたものであり、外から触れることができないものなのである。それは、その個人のなかにひそむ生きたものの大いなる共有物であり、血であり血族なのだ。血は水よりも濃い。だから、その個人がみずから見出した仲間集団からなる共同社会のほうが、国家や利益社会の影響力よりも、ずっと強く、ずっと貫く、ずっと根源的な力をもっているのである。われわれを形づくっているこれ以上分割できないものが、われわれにおいてもっとも一般的なものなのである。

私は、自分のなかに深く沈潜していけばいくほど、ますます世界に対する関与を深めていく。だが、私は、こうしたみずからの深みへの帰郷を果たし、そこで自分自身を発見するることができるような器官をみずからに具えているのだろうか。この発見というのは、私が自分自身に対してもつ感覚とは別のものでありうるのだろうか。その内に対する感性的認識力がもたらす感覚とは、外に対する感覚器官が仲介して私にもたらす明瞭で明確な印象とは反対に、おぼろげで漠然とした一般的感情にすぎない。私がいっている共同社会とは、こうしたぼんやりとして溶けかかったような、そこからは何事も始まらないような一般的感情にすぎないのだろうか。

そうではない。われわれは、自分たちの感性的印象の明瞭さについて思い上がるべきではない。確かに、それは、それほど明瞭なものではないのである。けれど、忘れてはならないのは、私がいっている共同関係で結ばれた世界というのは、感覚でとらえようとしているものなのではなく、実際に生きようとしているものなのだということである。

われわれの知覚の明晰さと確実さは、対象が個々ばらばらにされ、それぞれについて境界づけがなされ、個体化がほどこされた状態にもとづいて生まれるものである。外部世界の流れをこのような状態において、その迂回路を通じて知覚することを通じて、はじめて、世界を手中にすることができるのだ。そして、これと同じように、世界のほうも、われわれを個々ばらばらに分離して、個人を生み出さなければならないのだ。そうすることによってはじめて、われわれのなかに世界がきらめきながら現れてくるようになるのだ、と思われる。

　われわれ自身のこのような分離と深い内省において、世界は肉と魂を、すなわち物質と精神をともに具えたものとして、われわれの内に見出され、感じ取られるのである。このとき、世界は破片となって崩れ落ち、それぞれの部分が異なったものとして分けられるようになる。だから、このような世界と一体になるためには、われわれ自身も、ある種の神秘的な分離状態のなかに逃れることが求められてくるのである。

　忘れていたものを、ふたたび、われわれの意識に上らせようと思ったとき、どうしたらいいのか、よく考えてみなければならない。われわれには、そういうときのために、記憶と名づけられた心理機構がそなわっている。しかし、記憶は、われわれが個人の生活のなかで獲得した、わずかなもの、それも表面的なものだけにしか役立たない。こうした純粋な意味での「個人的なもの」というのは、表面的で、新しく、移りゆくものなのだが、これに対して、ほんとうの意味で個人的なものは、深く、旧く、永続するものなのである。そのほんとうの意味で個人的なものは、そこから個人というものが湧き出てくる共同社会の強迫的な欲動に根ざしているからだ。

　マイスター・エックハルトは、いっている。神は、個々の人間とともにあるのではない、人間存在そのものとともにあるのだ、と。そして、この人間存在そのものとは、人間において非常に貴重なものであり、すべての人間が共有しているものである。これをエックハルトは、人間の本性と名づけた。だが、誤解してはならない。その人間の本性とは、人々が同じ仲間の畜群の表層に、たまたま権威に拠ってつくりあげることができた合意にもとづいて、台座の上に立てた道徳というものとは別物である。こういうふうに建てられた道徳というものは、永遠に対して無関心で、表面的で、俗物的なものである。エックハルトがすべての人間の本性であると考えているものは、そういうものではなくて、永遠に受け継がれる、神聖なものであり、そこに立てられた合意と共同関係は、各人がそれぞれもつ、もっとも固有で、もっとも純粋な独自性が見出し創り出したものなのである。なぜならば、このように深淵に根を張ったかたちにおいて個人であること――それはまた、そのまままさしく共同社会なのであり、この個人と共同社会との重なり合いこそ、人間存在そのものであり、神聖なものであるからなのだ。

そして、それぞれの個人が、いったん、みずからの内に共同社会を創り出すならば、そこに共通点をもつ諸個人がつどって、新しい共同社会つまりノイエゲマインシャフトを創り上げる機が熟したのである。その新しい共同社会とは、表面的なもので出来損ないにすぎない共同社会に訣別する勇気と必要を持ち合わせた人たちが見出したものなのだ。

みずからの内に沈潜し、そこから新生をめざす個人は、過去の世界と過去の共同社会についての記憶をもっていないことは確かである。記憶をもっているかどうかではなくて、その人たち自身が共同社会なのだ。外部のものとして知覚するのではないのだ。

みずからの内に沈潜し、内からの新たな生に生まれ変わろうとする個人は、過去の世界、過去の共同社会そのものについては確かに記憶をもってはいないのだ。なぜなら、その人たち自身が共同社会なのだから。彼らは、みずからの外にあるものとして共同社会を知覚するのではない。みずからが共同社会なら、記憶など要らないわけだ。記憶とは、記憶されるものが欠落しているからこそあるものだからだ。過ぎ去ったことについての記憶、自分とは別のものについての知識をもっているなら、それは、そのことやものをみずからにすることができないまま、それらについて考えたことや知ったことを記憶しているにすぎないのであって、そうした状態は実は思想の欠如、知識の欠如にほかならないのである。

過去が生きた時間であるのなら、その時間は永遠であり、他者がわれわれ自身でもあるのなら、自他は全にして一なのである。だから、われわれはわれわれが関わっているものと一致しているのであって、そこにおいては、われわれがわれわれについて知るというのではなく、われわれがそのままわれわれそのものなのである。Ich bin mich. と表現する言語はない。[11][12] われわれはわれわれ自身にとって対象ではないからだ。対象とは、われわれ自身の外部、そして現在の向こう側にあるものなのだ。

認識の対象は、まず言葉に表れるのではなくて、むしろそれ以前に感覚のなかに、空間的記憶のなかに出現するものなのだ。認識に関わるものがわれわれのなかに入ってくるとしたら、そのときわれわれはそれを直接目的語となるべき対格としてではなく、また主語となるべき主格としてでもなく、いまだ名状しがたいものとして受け取ることになるのであろう。だから、その名状しがたいものと比較しながら、われわれが名づけなければならないものへと行き着いていくのである。

われわれは、みずからの人間にふさわしい生全体において人間らしいありかたをしているし、みずからの獣欲全体において動物らしいありかたをしている。そして、動物らしいありかたのほうが、やっと身に着けたばかりの表層的なむきだしな人間らしさよりも、ずっと古く、またずっと固有なものなのである。

人間的なものとは、われわれの概念思考であり、われわれの記憶である。動物的なものとは、そうした人間的なものより一般的であり、かつより固有なものである。それはわれわれがもつ熱情に溢れたものの見方であり、引き出し方であり、感じ方であり、潜在意識と霊＝肉相関的な体験の形式なのである。

そして、そのうえに、それよりさらに一般的であり、かつより神に近く、またより固有なものである共同社会が存在する。われわれが、そうしたものである共同社会そのものなのである。というのは、われわれは人間や動物以上のものだからだ。そして、それら以上のものであるかぎりにおいて、われわれ自身が共同社会そのものなのである。われわれが、いうところの無機的なもの、無限なもの、宇宙全体を、すべて併せてみずからのものにしているかぎりにおいて、そうなのである。

この無限なる全体、能産的自然、神秘思想家のいう神のみが、バークリ[13]やフィヒテ[14]がいう意味において、みずからを自己と称することができるのだ。バークリは、常識と科学から解放された地点にお

11　主格と目的格を「である」で結ぶ表現ということ。

12　［原注］それに反して、se mourir、sich verlieren という表現［それぞれフランス語、ドイツ語で自分を死なせる＝自分は死ぬ］はある。

いて、まさにそのことを指摘していたのである。バークリは、ロックを引き継いだ存在にすぎないわけではなくて、ディオニュシオス・アレオパギテース[15]やピコ・デラ・ミランドラ[16]のような神秘思想家の思想をも受け継いでいたのである。

自己は、自己自身の原因なのである。なぜなら、自己こそが世界なのだから。自己が完全に自己であるならば、そのとき自己は世界そのものなのだ。発展の流れの進路は、永遠が生まれた源泉から始まり、連鎖の決して途絶えることなく、流れが逆流することはもちろんない。

そして、われわれ人間の頭脳の表層思考は、思考が生まれた根底にまで遡って思考することはできないし、その源泉を外にあるものとして知覚することもできない。つまり、その源泉を対象として認識することはできないのだ。その源泉は、内部の自己において、永遠の今において流れているものであって、それ自体がいま生きているものの一部なのである。

時間というものは、常に前方へ向かって落ち込んでいっている。だから、空間というものを使った迂回や奸計を用いなければ生を逆戻りさせることはできないのだ。記憶像や回想についても、同じことがいえる。

最高の動物ともなれば、忘れ去られたものからいまだ過ぎ去っていないものに達するまで、何も思いめぐらすことなく、ただまっすぐに前へ向かって生きていくようなことはしないものだ。一回限りの生を生きるのではなく、鼻や眼を通じて体験してきた場所と空間を何度も再認識しながら、何回もの生を生きるのである。

だから、人間はみずからの公共の場（locus communes）をもっていて、それに把捉されているのだ。その場は、みずからの記憶を規定する概念の場であり、その場を通じることで各自の生は円滑に営まれるのである。つまり、その場というのは、道徳の諸原則とそれにもとづくもろもろの心の決定（すべての決定は回顧を通じておこなわれる）の紐と結び目の組み合わせから成っており、それにはまた認識の諸原理と諸科学が編み込まれているのである。

時間、そしてそれに従う世界と生とは、一点（一点とは一箇所ということである）に立っているのではない。その一点に立つと、時の後方と前方が見え、後方に原因があり、前方に結果がある、というようになっているのではないのだ。そうではなくて、閉じられたひとまとまりの存在がそこにあるだけなのだ。

空間というのは、われわれにとっては時間が分割されたものなのだ。つまり、空間において、われわれは過去と未来とのなかで、そしてそれにともなう無のなかで、とらえがたく、しかし執拗にから

13　George Berkley 1685-1753 アイルランドの聖職者にして哲学者。視覚の主観性を徹底的に解明することで物質の実在性を批判した。主著『視覚新論』『人知原理論』。
14　Johann Gottlieb Fichte 1762-1814 ドイツの哲学者。カントを受け継いでドイツ観念論を発展させた。自我の絶対性を説く知識学を展開した。主著『全知識学の基礎』。
15　Dionysius Areopagita 六世紀シシリアの修道士。ネオプラトニズムの色彩の強い『ディオニュシオス文書』を残している。
16　Giovanni Pico della Mirandola 1463-1494 イタリアルネサンス期の人文学者・哲学者。主著『人間の尊厳について』。

みついてくる現在というものに縛りつけられているのだ。空間こそがわれわれに意識と記憶をもたらしているのである。

時間における後方というのが空間によって偽造されたものだというだけでなく、時間における前方というのもまた同じく空間によって偽造されたものにほかならないのだ。われわれにとって、時間をそのように生きることは偽りの生き方にほかならない。空間が生み出す意識というものが、われわれを点に換えてしまい、それを通して物に、無に換えてしまうのだ。だが、それは見せかけの像にすぎないのであって、その見せかけの像から脱却するなら、われわれからは見えない背後にある永遠、われわれの視線の彼方にある永遠ではなくて、われわれの内なる永遠を知ることができるようになるのである。

というより、むしろこう言おう。「われわれの内に」ということ自体が、まさしく空間が偽造した記号なのだ。それ自体が永遠なのである。そのものとして永遠にほかならないわれわれこそをわれわれは知っているのであり、われわれのみが世界であり、時間なのであり、それによってこそ世界も時間もなにものかでありうるのだ。それは流れ去るものでもなければ、立ち去ってゆくものでもない。

すべて存在するものは、それが存在だとされているような固着したもの、空間を占める物体とは対立するもので、時間も世界も、永遠に新たなるものが永遠に安らっている状態にあるのだ。空間なき静止状態、質料なき持続性、留まることなき維持、自己でありかつまさに世界であるもの。それらは、ここでそれを表現しているのが空間言語であるから、そして空間言語以外の言語はありえないので、このような矛盾した表現しかできないのだ。しかし、それらの言語が意味しているものをどう解釈するかは、換えることができるのだ。

ここでは、もちろん、われわれ人間が別種の動物になるべきだ（われわれは動物だから）とか、植物になるべきだとか、あるいは目が見えず口が利けないようになるべきだ（実際に、私の言葉に換えていえば、自分が視力をもっていることが厭わしいという者がいると耳にしたことがある）とかいうことを問題にしているのではない。そういうことではないのだ。われわれはこのように人間なのであり、それはほかのいろいろな動物がそれぞれに別の動物であり、薔薇は薔薇であるのと同じなのである。

われわれは、ほかの動物や植物が肉と草と空気があればそれで足りるのと同じように、みんな、自分たちの知を飲み込み、それを燃やせれば、それでやっていけるのだ。そのために必要なのは、われわれが自分たちの空間物体を空間言語として飲み込んで、自分たちの精神生活の営みにおける物質代謝に送り込んでいく、ということなのだ。そのためには何が必要か。われわれすべての知覚が最終的に正しいものをつかめること、われわれの知が実際に最終的に知識を得られること、それらが的中すること、そのようにして知ったことをそらんじることができること、そして、われわれ自身が過去に起こったことと知覚した宇宙全体から充電する蓄電池であることなのである。

視ることとは、われわれにとって最終目標や到達点ではない。光明へ向かっての出発点であり、可能性であるべきなのだ。われわれがみずからの精神がどういうものであるか理解し、またわれわれの実存をもって他者の精神をも理解するとき、そのときにこそ、世界というものが生成されるのである。

そしてそのときには、もはやわれわれは、どうやらわれわれに割りふられたらしい種の動物にとどまってはいないのだ。そして、もともとわれわれ自身が椰子だとか水晶だとか虎だとか微生物だとか名づけたものにもなれるのだが、あえて意識して人間になろうとするのである。そして、人間になることによって、すべてのものになろうとするのである。

われわれがほかの動物にもなれたのと同じ事情によって、われわれの意識が視たとき、すぐさま他者が何であるか知ることができるわけではない。なぜなら、そのときに、もはやわれわれは、人間という動物であって、ほかの動物ではないからである。われわれは、そこに存在する者として現存在なのであり、そのことをぬきに認識する者であるのではないのだ[17]。

われわれが、そのときにどのように世界を知るのか。われわれが女性を知るように知るのである。というか、男と女がおたがいに相手を子供だと識別し、あるいは成人だと識別するように、世界を知るのだ。それはまた、世界を変えることでもあるのだ。われわれが認識するということは、生成すること、産出することなのであり、また没落すること、成長すること、新たなもののなかで安らうことでもあるのだ。

われわれが精神をもつのではなく、われわれが精神そのものなのだ。われわれの内にある世界が精神なのである。われわれがかくかくしかじかだと認識するとすれば、われわれがそのように存在しているということなのだ。

なるほど確かにわれわれは最も深きところ、最も驚くべきものにおいて、そこから人間精神のなんたるかを引き出すことができる。それは永遠が発する声なのである。そこで奏でられる音楽が、あらためて世界になるのである。ショーペンハウアーが、そのことを見事に言い表わしている。[18]

われわれは、みずから自身に完全になりきっているならば、そしてわれわれの最も深き基盤をつかみだしているならば、その無限なるものをみずからの内に確実に見いだす。そして、この無限感情に達する一つの途が存在するのである。私はその途について、すでに言及した。それはすべてにおいて最もすばらしいもので、われわれは、外なる頽落、かりそめの共同生活の浅薄さにむしばまれていないかぎり、みなそれを知っている。それは愛である。

愛は、だから現世を超えた普遍的な世界を包括する感情なのである。では、感情とはどういうものか。それは、われわれを根底から変え、星の高みにまで引き上げるものなのだ。なぜなら、感情は、幼年時代を祖先と結びつける絆であり、熱情に燃えた子どもたちを宇宙全体と結びつける絆だからなのである。

そこにはより深い意味が含まれている。というのは、共同社会に対する感情、これがわれわれを人

17　どのような存在者であるかが、どのような認識者であるかを規定するということ。人間には人間の認識があり、虎には虎の認識が、椰子には椰子の認識があるというわけだ。

18　ショーペンハウアーは『意志と表象としての世界』の第五二節で、「言葉とは理性の言語であり、音楽とは感情と情熱の言語といってよい」「音楽は現象の模写ではなく…直接的に意志そのものの模写である」「それゆえ、世界を、肉体をあたえられた音楽と呼んでもいい」とのべている（西尾幹二訳『世界の名著』版『意志と表象としての世界』p.482、p.487）。

類全体に結びつけるものであり、そこに愛、人間愛が生まれるのだが、その感情を培う関係、その関係は、世代に対する感情を培う関係と同じものなのである。その世代に対する感情を通じて、われわれは次に来るべき世代と連なることができるのである。

ああ、悲しむべきかな、幸薄き者たちよ、その人格全体が愛のもとに震えることなき者たちよ、人間を産み出すことにともなう充足感を皮膚や足の甲の感覚ほどにも感じることがない者たちよ、悲しいかな。それこそがもっとも深いところで、もっとも赤々と燃えている世界認識なのに。われわれにあたえられた最高のものなのに。そのときこそ、男が女を知るときであり、世界が私にとって新しい姿できらめき、二人の人間の間を火花が貫き通っていくときであるのに。

II　時間としての世界

――マウトナーの言語批判論第二部をめぐって

1

思考による破砕という行為が、ありきたりの砲兵による砲撃と区別されるのは、居並ぶ論敵と専門学者に向かって爆弾が投じられたとき、すぐにはなんの騒ぎも起こらないで、むしろ気まずい沈黙が支配するという点である。

マウトナーの言語批判論は、すでに凡庸な学問の営みにとって死の宣告をもたらすものであっただけでなく、既成の学問自体にとって、それらの学問というものが少なくとも知る価値があるもので、あるときは空想的であり、またあるときには想像力を欠いた記号の羅列であるようなものではないという思い込みに死亡通告をつきつけるものだったのである。

しかし、これに対して、精神に関する諸学問、そして自然科学諸学問全般の、公の代表者たち、実際の代表者たちは、ほとんど例外なく、あたかも自分たちには責任がなく、答える必要がないという態度を取ったのである。例外としては、ジャーナリスト連中や知ったかぶりのディレッタントたちが貶めたりけなしたりすることが目的で、マウトナーの論を議論の対象にした場合があっただけだ。マウトナーの著作は専門学者に忘れがたい作品として認められはしたのだが、それは彼らにとってそういう働きをしたという学者特有の態度から出た限定された評価としてであり、それも公に彼らが求めた結果ではなかったのである。

言語批判論第二部において、思考による破砕の対象になり、沈黙せざるをえなかったのは、言語学者の人たちである。これに対して、長い間言語に関する職業にたずさわってきた彼ら言語学者たちが、まったく口を閉ざしたままでいられるのか、みんなが好奇の眼差しを注いでいるのも当然のことである。だが、さらに興味深いのは、次のような問題である。

この著作を読んでいく過程で、彼らはおそらく、一再ならず、念頭に浮かび上がっては離れないある思いにとらわれたのではないだろうか。というのは、特にこの第二部はそうなのだか、ずっしりと重い思想の積荷が次々に届けられてくると、その豊穣さに圧倒されて、一読したときに頭が混乱してしまい、さらには、この巻の一文一文がそのまま根本思想の副文にあたるものになっていることを理解するのはむずかしいということから、この第二部の内容は、言語学の批判ではなくて、ほかのものではないか、ほかのものとはつまりまさしく言語そのものの批判が主題になっているのではないか、そういう思いが浮かんできたのではなかろうか。

言語批判論第二部は七〇〇頁を超える包括的な内容を具えた巻で、新たに読み進むたびに胸のときめきが高まるような芸術作品なのだが、ここで問題なのは、なぜそんな胸ときめく芸術作品になっているのか、ということだ。つまり、そういう作品になっているのは、著者マウトナーがここで堂々たる脱線をおこなっているからなのか、ということはつまり、この著作は彼の書斎の机からこぼれ落ちた付録のようなものにすぎないものだからなのか、ということである。

これはけっして無意味な問いではない。というのは、この問いそのものにまったくの否定をもって答えることに意味があるからだ。

言語批判というものは、言語を批判的に取り扱うことを問題にしているのではなく、言語に向かって何かを語ろうとしているのでもなく、言語そのものに含まれている本質と価値とを追求すべきだとしているのである。だから、言語批判は、言語を批判するものであり、その批判においては言語学を否定したりほとんど認めなかったりしているのであるが、そうでありながら、それ自体がひとつの言語学なのである。その批判自体は、最初のうちはおのずから批判をもっぱらにするものなのだが、やがてそれは後景にしりぞけられていってしまうのだ。

マウトナーの第二部は、先行研究者の誤りをただすものであり、同時にそれとの解きほぐせないほどの結びつきをもって、彼固有の思想の発展をもたらしていくものなのである。

先行研究のきわめて優れた部分においては、新しい言語研究のもとで、傑出した成果がすでにもたらされていた。それについて、青年文法学派[19]は半分以上は意識していなかった。だが、彼らのうちの一人、ヘルマン・パウル[20]は、この方向の先導者で、学術全体にわたる改革を目標に入れた方向性をもっており、学界の異端児だった。そして、パウルが打ち立てた言語史の原理とその方法論のなかで、心理学を通して言語学を追究する方向性が確立された。さらには、われわれがマウトナーを通じて聞き知ることになったヨハネス・シュミット[21]やミシェル・ブレアル[22]、そして彼らに先行して、より包括的でより深い探究をおこなったラザルス・ガイガー[23]がいる。さらにその前には、華麗なアフォリズムを展開したヴィーコ[24]とハーマン[25]がいた。

そこにおいて探究されていたのは、小さなところで絶えず作用している言語法則、さらには最小の言語法則といったものだったが、そこには、そうした法則をのりこえて何かが迫ってきている気配が感じられた。それとともに青年文法学派が見出したものにも、そのような気配が感じ取られたのであった。そして、いまやまさに、このようにして内に持ち込まれた破局的事態によって、言語学が深く震撼されることになってきているのである。というか、青年文法学派が、みずからがやっていることについて理解しないままでいるが故に、それが彼らにとって破局的事態になろうとしているのである。

青年文法学派は、言語というものを自立した構築物としてとらえていた。だから、言語の自然的な発展進路を有機体のそのほかの活動から切り離して観察することができると考えていた。そのかぎりにおいては、すでに彼らの言語思想はすっかり固まっていたのである。その言語思想とは、「言語」を諸活動をたがいに複合させるための抽象概念として、何か質料的なものではなく、形相的な精神的存在として重要な役割をもっていたものととらえ、ある意味では、そのようなものとして歪んで成長してしまった存在だと見なすものであった。

そこで、言語法則の上での概念を新たに定式化することが青年文法学派の課題となったわけである。その言語法則というものが、およそ法則といわれるもの、すなわち自然法則のようなものであるのならば、それに従って語・構成音節・音・文法形式・意味が変化するような必然性が認められるならば、その必然性にもとづいて、対象として立てられる言語統一体が基礎づけられることになる。

また、言語が内在的な諸力によっておのずから変化するものであるのならば、そしてまったく一定の方向へ変化することが言語の性向であり特性であったのならば、つまり落下法則があるのと同じよ

19　一九世紀末、ライプツィヒ大学を中心に、音韻法則の発見を中心に史的比較言語学を追求した新進の言語学者グループ。マウトナーは『言語批判論』第二部第二章「言語学史から」のなかで、この青年文法学派を取り上げて、評価と批判をおこなっている（SS.80–92）。

20　Herman Paul 1846–1921　青年文法学派の中心人物。『言語史原理』（*Prinzipen der Sprachgeschihite*）で音韻進化の法則を唱えた。

21　Johannes Schmidt 1843–1901　ドイツの言語学者。言語現象は波紋状に四方に広まって隣り合う言語に影響を及ぼすとする波動説（Wellentheorie）を唱えた。

22　Michel Bréal　フランスの言語学者。比較文法研究を通じて、意味論における歴史法則を研究した。

23　Lazarus Geiger　1829–1870 ドイツの文献学者。宗教を合理主義的に解釈することに反対し、インド=ゲルマン語の起源はドイツにあると主張した。

24　Giambattista Vico 1668–1744　イタリアの社会哲学者・歴史学者。言語・習慣・宗教・法の調和の内に共同意識の力による知の綜合を見出した。

25　Johann Hamann 1730–1788　ドイツの哲学者。ドイツロマン派の先駆者。言語そのものが理性であって、詩は人類の母の言葉であるとした。主著『聖書の考察』（*Biblische Betrachtungen eines Christen*）。キェルケゴールが高く評価している。

うに言語の運動法則があるのだとするならば、例外というものはいっさいありえないということになる。例外があるとすれば、その例外がある法則とは、いままで一度も注意を払われてこなかったものだということになるのである。

そして、これまであまり聞いたことがないような徹底した伝承言語資料の探求がおこなわれるようになった。さらに、これにともなって、ついには、民衆語[26]というものは、いろいろな方言から副次的に派生したものであるか、さもなければ単なる抽象化であるということが確実だと認められるにいたったのである。このような認識にもとづくなら、一つひとつがそれ自体としてまとまったかたちで固有の言語がそれぞれにあるのではなく諸個人の言語活動があるにすぎないのだという認識まではほんの一歩の違いしかなかったのだ。ヘルマン・パウルは、それをほとんど成し遂げたといってよい。パウルは、青年文法学派のなかにあって、ほとんど責め苦とみまごうほどにまで徹底した方言研究者だったのである。

パウルは、その後さらに進んで、次のような理解に達した。すなわち、個々の人間における精神的事象と、精神的なものではありえず常に肉体的なものであって口から耳へと外的言語として伝えられるものとを区別しなければならないということ、つまり内へ向かう人間と外へ向かう人間とを区別すべきだということを理解するにいたったのである。彼が特別に興味をもったのは、思考に近づいていったりすることよりも、また思惟と呼ばれているものとともに精神的事象としての内的言語が崩れていったりすることよりも、口語が口から耳へと伝わっていく過程でこうむる変化であった。

けれど、ここで彼は言語の研究を心理学に還元しようとしていたわけではなかった。展望を拓くことができさえすれば、とりわけ文献学の研究分野を充分なかたちで確立できるならば、それでよいと考えていたのである。彼は、すでに文化史のようなほかの学問分野からは自発的に撤退していたのだった。ところが、それとは反対に、文献学者たちは、文献学と両立しえない隣接領域での研究を始めていたのである。

私は、パウルの貴重な研究が継承されていかないのではないかという危惧をいだいている。そうなってしまえば、けっして古くなってはいない、つねに新しい意味をもったものとして彼を駆り立ててきた問い、すなわち文献学とは何か、文献学は科学であるのかという問いも葬られていってしまうことになるのではないか。そうした問いがないところから出発していくことになれば、学者ギルドから脱して自由になってゆく途を見いだすことはできはしないだろう。

そしてまた、パウルのように、文献学の別の方向へと向かってゆく言語学者たちのゆきかたを否定して、みずからの学を主として文化史として把握しようとするとき、ただそれだけでは大事な点が見逃されてしまうことも指摘しておかなければならない。その大事な点とは、外的言語が人間たち相互の間の交通であるとするならば、その交通は、人間たち自身の間、および諸仲間集団の間における相

26　原文は Volkssprache。学識語と対になっている語で、学識語が書き言葉から生まれた抽象的な言語であるのに対し、民衆語はそれぞれの言語の起源につながる話し言葉由来の言語を指す。

互の交通を通じ、またいわゆる世界史の運命を通じながらも、それらの変化とは区別されたかたちで変化していくのだということである。だから、外的言語の変化に純粋な言語法則を普遍的に適用することはできないのである。そして、たちまちのうちに多種多様な方法によって説明がつけられるような変化は、それ自体、言語がもつ謎に満ちた諸力によるものなのではないし、型によって類別しうるものでもない。そこには、言語科学があるのではなくて、言語観察があるだけなのである。その観察は、歴史の一部であり、科学ではないのだ。

それぞれの言語の変化は、その言語にとってみれば、当然のことながら必然的に起こっている。それは自然の万物の場合と同じである。しかし、その変化は、ある一つの法則によって特定されるものではない。必然性というものは、人間としての経験にもとづきながら、先験的《アプリオリ》に付与されるものである。だが、個々の場合においては、そのようにして必然性を認識するのではない。

ということは、ここでマウトナーの批判的な思想をそのまま表現してみるならば、法則が適用できるようになるためには、言語に関するさまざまな事実が、些細なものとしてではなく充分に豊かに知られていなければならないのである。マウトナーは、こうのべている。「私は、こう主張したい。つまり、集められた事実の豊かさが法則を助けるのであり、それと同じように、貧しい事実しか集められなければ法則は閉ざされるのである、と。言語における現実には、自然全体における現実と同じように、法則はないのだが、にもかかわらず必然性はあるということなのである。」

しかし、マウトナーは、こうした演繹的な経路をたどっただけではなく、これとは別のやりかたで、ある洞察をわれわれにもたらしてくれる。その洞察とは、言語法則などというものはない、科学的に確定される言語発展というものはないということである。しかも、この結論は、演繹的な探究につねに注意を払いながら下された瞠目すべき着想によるものなのである。その着想は、卓抜な、魅力ある、戯れに満ちた企てなのだが、証明されてはいない。証明されてはいないが、それをすべて証明することは可能なのだ。

マウトナーは、実際、包括的に細部にわたるまで、言語学の個々の領域を渉猟している。ついでに言い添えておけば、これらの探究の前提になっている研究業績についても渉猟している。この著作をつねに新たな驚きをもって読んでいく者なら、そのすごさに気づくことができるだろう。ある一般的な命題よりも、それを裏づけている数多くの個別の論拠のほうがずっと価値があるのは当然である。

現代の言語学者は、すでに言及したように、たいていの場合、言語そのものに対して批判的に立ち向かうのではなく、自分の専門分野のほかの学者に対して批判的な立場をとるにすぎない。だから、太枝を切り落とすような思想に至ることは、当然のことながら、できはしない。その太枝は、その学者の大学のポストを支えているのだから、切り落とすようなことはできないのである。また、こうした学者は、旧くから奉られつつ肥沃をもたらすとされてきた根を根こそぎにすることなど、できはしない。

その根とは、少なくともインド＝ゲルマン的なものの基にあるとされてきたものである。だが、言語の根といわれるものは、その言語のほかの部分に対して、みずからの背後に別の由来をいっさいもっていない祖語の位置にあることを主張するものである。ということは、言語の根というなら、アーリアの言語か、あるいはそれと同等のものより前にある何物にも由来していないことは確実である。だが、その根が土着のものとして発生したものであるかのように描き出されたり、またいわゆるインド＝ゲルマン語族はすべてアーリア語の直接の子孫であって、それ以外の始祖にさかのぼることはできないかのように描き出されたりしている。ここで何より問題なのは、これらの言語の間での一致や類似が、血統関係によるものなのか、それとも親縁関係によるものなのか、研究していないことである。それに、そもそも、諸々の言語の間における親縁関係とは何なのか、ということをも論究していないのである。

そういうわけなので、マウトナーは、この言語の根なるもの、すなわち言語の根源というものをあっさりとかたづけてしまっている。およそ秀れた研究者というものは、こういうところで早くも懐疑をもつものなのだ。マウトナーは、その根源なるものは、一部はインド語の、一部はインド＝ゲルマン語族の文法学者がつくりだしたものであること、そしてそれは生きた言語に属しているものではないこと、を指摘している。つまり、アーリア系原民族なるものについて、その民族に帰属するものだとされる言語が一度も話されたことがないものだということ以上何も知りえないのであるのならば、インド＝ゲルマン系諸言語の「親縁関係」を推測する根拠もまた消え失せてしまうことになる、ということである。

もろもろの言語というが、それは実際にはもろもろの民族を意味するものでなければならない。それなのに、彼らはそれを認めないのだ。諸言語がたがいに系統関係にあると認めうるのは、それらが同一種に属する諸民族の言語であり、そのうえ、それ以上明白な類似種がほかには存在しないような系統関係をなしている場合に限られる。

マウトナーは、説得力のある指摘をおこなっている。彼は、民族移動や語彙移動とは区別されるものとしての言語移動について語ろうとはしない。それについてわれわれが知っているところを語る代わりに、諸民族がたがいに混淆してきた事実を認め、それは言語からわかるのではなくて、ほかのことからわかると考えたほうがいいと指摘している。そのうえで、諸言語の顕著な類似性が諸民族の混淆と言語の借用とによって余すところなく説明されるだろう、としている。

民族言語の統一は、人種の純正さが達成されたことによって終わるものではない。言語学によって獲得された言語史についてのいくらかの知見は、民族史から偶然えられた知識のおかげであって、逆のかたちで言語上の一致から民族学上の事実を推論することはできないのである。

しかし、何よりもはっきりさせておくべきなのは、われわれが言語と同様に民族について知っているることは、たかだか二、三千年以前に遡るものにすぎず、そこからさらに遠く遡っても源泉の片鱗さえとらえることができないということである。言語も人類もさらに何十万年も前に生まれたのである。そうした状況にあって、言語の起源の探究というのは何か事実かどうか定かでないものの起源を探るようなものなのである。そんな達成不可能な探究をなすべきなのであろうか。それが不可能であるとするなら、そういう不可能なものをそれでも探究していくことが、この現代における言語を歴史的に解明しようとしている今日的課題といかなる関係があるということになるのだろうか。

次のようなことは、今後どのようにして認められていくのだろうか。諸言語が形態学的構造に従って、どのような順序で、どのような段階序列をもって構成されていったのかということ。それは、いま、われわれにはわからない。また、われわれの諸言語がどこから来たのか、あるいはどこに行くのかを明らかにするうえで、たとえば中国語の状態をもとに想像を展開することはできるのか、あるいは諸言語は一つのものとも別々のものとも簡単には決めかねるものなのか。こうしたことは、いかに解決されるのだろうか。

かくして、われわれは、諸言語は長い時を経てきたのだという事実につねに立ち戻って、そのことを確認しなければならない。そして、今日われわれの前にある遺物としての言語を、多少なりとも進歩をともなった発展過程の頂点だとする必要はまったくないのである。そうではなくて、それは、大量の、まったく多種多様な混淆と絶滅とを経て残された遺物なのである。

そのうえ、そもそも言語に関しては、ひたすら進歩を続ける発展という議論は、すでにあまり問題にされなくなっている。この点について認識することは、大いに価値があることでも、いくらか価値があることでもなく、ほとんどなんの価値もないことになっているのだ。文法上のカテゴリーや音韻構成は、進歩などと関わりなく、つねにそれなりに適切な状態で存立しているのである。

人々を驚かせ、酷評の数々を巻き起こすことになったのは、ほかでもない、マウトナーの壮大なファンタジーであった。そこにおいては、一つひとつの例が、それがこうであるか、ああであるかとか、かつてどうであったにちがいないとか、そういったことをめぐって、単なる学問上の仮説といったものではなく、あくまで懐疑にもとづいた世界観の一部として論が提起されているのである。

マウトナーの批判の対象として決定的なのは、ダーウィニズムについてのすべてであり、あるいはいま好んで使われている言い方でいえば、一元論に由来する司祭流の試みであって、そこでは旧い神に代わって、輝かしく喜ばしいかたちでつねに前方へ向かって成長してゆく世界が設定されているのである。この世界には、確かに始まりもなければ終わりもない。だが、目的という言葉は心許なげに避けられてはいるものの、ここには、万物の霊長たる人間の目標というものは成立しているとみなされているのだ。ということならば、すべての事象は、われわれ個人個人にとっては無目的なものであるが、人類にとっては、つねに、これから達成されるべきより高い目標に向かうものだということになっているわけである。

マウトナーは、アデマール[27]の『海の回帰』の議論にのっとりながら、民族も言語も二万一千年の周期でやってくる氷河期にともなうサイクルで、何度にもわたって絶滅したり、極度に揺さぶられたり、混淆されたりしてきたのだということを認めている。また、不断に前進しているのではなく、不断に永遠の回帰を続けているのであり、その回帰とは、同じものが上へ下へと振れるのではなく、また進

27　Joseph Alphonse Adémar 1797–1862 フランスの数学者。一八四二年に書いた『海の回帰』（*Revolución de la mer*）で、氷河期が天文学上の力によってコントロールされていることを明らかにした。

歩でもなく、結局のところは混淆にほかならないとみなしているのである。
ここで、マウトナーの叙述のうちクライマックスにあたる部分が重要だと考えるので、以下に引用することにする。

さまざまな民族が――二万一千年の周期を通じて――どのようにしてその生息地からひきはなされ、――千年ののちに――どのようにして新たな生息地を見いだしたか、それを語ってくれる伝説はもはや存在しない。
スカンディナヴィア半島沿岸の昆虫が、そこの土地隆起について何も知らないのと同じように、また魚や貝が、この土地がまだ海の底深くに沈下していたときに、この同じ渓谷にどんな水生植物が生えていたのか、もはや知らないのと同じように、ここかしこに住む人間たちは、氷河期のことを知りはしないのだ。彼らは、赤道地帯がとても暑かったこと、黒人にとっても耐えられないほど暑かったことを知らないで住んでいる。だが、もしそのころの住民が今日のように組織されていたなら、最初から赤道地帯に住むことはありえず、また温暖な地域にも住むこともなく、極地にだけ居住したであろうことも知らない。また、数えきれないほどの寒冷期が二万一千年周期でやってこなければならなかったのであり、それからやっと現在のような民族集団が成立するようになったのだということも知るよしもない。だから、現在の民族集団が永久不変であるかのように思い込んでいるのだ。だが、次の二万一千年が過ぎると、たくさんの民族集団が席を空けわたさなければならなくなるのである。

彼らは、そのときちょうどヨーロッパで起こっていた実り多き闘争についても、知ってはいない。これは、前の前の氷河期とその次の氷河期との間に、初めはゆっくりと起こり、しかしやがて押しとどめがたい勢いで歴然たる事実となっていったものであった。ヨーロッパでは山のような氷がアルプスから、カルパチア山脈から、またスカンディナヴィアから、かつては肥沃だった平地に押し出されていったのだ。それにともなって、人々は非常に強く絶望にとらわれていったのだった。それはちょうどノアの洪水伝説における最期の人間たちをとらえた絶望と同じようなものだったことだろう。そのときヨーロッパに住んでいた諸民族は、ライン河沿いでも、エルベ河沿いでも、ロシア平原でも、イングランドでも、飢えた野獣のように、何度にもわたって次々とおたがいに襲撃しあったにちがいない。個々の人間がというよりは、民族ごと絶滅が起こった。そして、勝者はたちまちのうちに敗者と同じように死に絶え、二万一千年の静かな周期の間に、ふたたびゆっくりと押しとどめがたい勢いで渓谷が口を開き、緑で満たされていき、そして――千年を隔てて――四方八方から民族集団の波が押し寄せてくるのである。

いつかそのうちに、この状況をありありと思い浮かべることができるようになるであろう。氷河が大地を整頓する役割をにない、形のない自動機械のように、二万一千年の周期に従って、整理戸棚を開けては閉め、同じ時期に、さまざまな大陸を建てたり割ったりするのである。そして、アトランティス大陸が旧世界とアメリカ大陸との間に大きく横たわったり、アフリカ大陸とアメリカ大陸の南端が南極へ向かって伸びていったりするのである。

　これにともなって、褐色の肌をした人間たち、赤や黒や黄色や白の肌をした人間たちが、飢えた狼のように貪欲に、肥沃な大地を求めて、もはや海でもなく氷河でもない陸地を求めて、草の茎を手に入れられる片々たる土地を求めて、戦いをくりひろげるのだ。そのとき、氷の手を伸ばしながら氷河がゆっくりと移動して、褐色や赤や黒や黄色や白の肌をしたさまざまな種族——というか、その後の経緯のなかで種族を形成したのだが——に通り道をあたえたり、奪ったりしたのであり、そうした人間たちは移動にともなって、たがいに混血しあい、死んだり生き延びたり、理解しあったり誤解しあったりしながら、二万一千年の静かなリズムのなかで、あるいは浮きあるいは沈み、そして次の二万一千年にはまた浮いたり沈んだりしてきたのであった。

　そのありさまを目撃した者たちは、おそらくもはや旧き祈りの心をもてなくなって、さまざまな疑問を追究したことだろう。人間というものはすべて同じ一組の男女の子孫なのであろうか？　マンモス時代の人間の頭蓋骨は長頭型だったのか、それとも短頭型だったのであろうか？　と。

　ここで、もう一度言っておこう。

　人はその世界観に敏感に反応することができないのだ。その世界観とは、われわれの認識に起こりうるすべてをそれ自体として網羅しているものであり、しかもそのすべては神に由来してそこから流出してくるという世界観なのである。それに対して、いま雨後の筍のように出てきている新たな啓示と称する現世観はというと、その創唱者が弱々しく物怖じしがちな質なので、不快な人間の世界に傷ついてしまって、遠い神の世界にひたすら和らぎと心地よさを見いだしているという体のものなのだ。そういう体のものだからこそ、そこに紡ぎ出されたものは、すこぶる注目に値はするものの、所詮は道徳的に曲解された認識論上の仮説をもって粉飾を図るものなのである。

これをひとつの機会ととらえて、今日の時代を探究するというかたちをとった言説が同時に現れてきて、オプティミズムを復活させている。というのは、最近ハルト兄弟[28]が公刊した『対立物の揚棄』のことである。

認識論、なかでも因果性と物質性一般の批判としての認識論は、確かにその背後に正しいものを含んでいる。たとえユーリウス・ハルトが実証に基礎をおいた思想家であって、だから反対物の対立というものが言語そのものの呪いにもとづくものであり、それを揚棄するには単に対立している物からのがれるだけではなく、命題そのものからのがれなければならないということを知らないとしても、彼の論議に正しいものが含まれていることは否定できないといえる。

この考え方、すなわち対立は物のなかにあるのではなく、われわれの言語のなかにあるのだという考え方は、マウトナーのなかに非常にはっきりと見いだされる。というか、まったくその通りにのべ

28　Julius Hart と Heinrich Hart の兄弟は自治運動「ノイエゲマインシャフト」（新しい共同体）を起こした。ランダウアーは、この運動に参加したが、ハルト兄弟に対する批判から、まもなく運動から離れた。

られているのだ。そして、反対物の対立という主観的要素の覆いをはがしたときに現れる客観的な世界に対して、それをまるごと肯定するような歓喜に満ちた言葉を、信仰のようなものによってではなく、のべたてているのである。

マウトナーは、こうのべている（『言語批判論』第二巻五〇ページ）。

矛盾というものは、現実世界においては考えることができない。矛盾というものは、思考のなか、あるいは人間の言語のなかにおいてのみ考えることができるのであり、またそこにおいてのみ現実的なものになるのである。……現実に存在するものは相対立していない。現実はたがいに並立してはいても敵対しあってはいない。単に対立していると規定されているだけであり、矛盾するとされてしまっているだけなのである。

このような洞察をおこないながらも、マウトナーは、すでに見てきたようなかたちで物についても語っているのである。それは、先に見たような氷河期の破局についての言説に表れている。そして、そこでわれわれが見たことは、これからわれわれの言語をめぐってわれわれが見ようとすること――あるいは語ろうとすること――とも共通するところをもっているのだ。

そうはいっても、マウトナーは、次のような点を決して見落としてはいない。すなわち、われわれは、氷河期の破局のような自然の出来事と、われわれにとっての道徳的な基準とが、あるいはわれわれが生きていくうえで大前提となる基準とが競合するものとは考えるべきではない、ということである。

これについては、氷河期について語ったあのまとめの部分で、はっきりとした言葉でのべられている。「一人ひとりの人間は、みずからの小ささに直面して、自分が粉砕されるような感情にとらわれて震えるだろう。しっかりとみずからを立てられる少数の者のみが、心をふらつかせることなく、微笑みながら、こういうことだろう。小さいとか大きいとかは言葉の上のことで、単なる量の比較であって、なんら現実を表すものではないことをわれわれは知っている、と。」

さらに付け加えておくならば、あの「対立物の揚棄」は、まったく主体に関するものとして、つまり個人の決意の問題としてとらえられているのであって、それはひいてはわれわれと同時代の人々との間に生ずる対立に関わるものであり、それ自体、貴重な文化要素になりうるのである。

ただし、それは、マウトナーのあの認識論的な洞察とは、さまざまな点において異なるものである。「対立物の揚棄」をはじめとする思想は、悪しき彫刻家なのであって、道徳的なものと認識論的なものとに同じ言葉を遣う誤りをしばしば犯すことによって、両者の間隙をたがいに埋め合わせて、膨れ上がらせて、それによって人間は肯定すべきものであるという信仰を造形してしまうのである。残念ながら、われわれの時代は錯誤の時代であって、あらゆる善き意志――ブルーノの意志[29]――がそのまま自然に新しい宗教になってしまうようになっているのだ。

その新しい宗教とは、徹頭徹尾空想に憑かれた藪医者ともいうべきものになってしまって、みずからの利害＝関心《インタレスト》をもっぱら方法論や世界観によって動かすようにしむけるのである。そして、すべてが病んだこの世界を、ある一点に集中することを通じて、快復させることをめざすのだ。

私は、哲学を語るあるベルリンの靴職人が書いたパンフレットを読んだことがある。そこでは、人間の悲惨な状態や病的な状態は、すべて、座ったままの仕事ばかりしているがために起こる消化不良に起因しているとされていた。そして、学校の体育の時間のときのことを考えればわかるように、森や草地で過ごすような気持ちでいれば、人類には平安と解放がもたらされるであろう、と書かれていた。

まったくこれに劣らない愉悦の物語は、ほかにも語ることができるだろう。というのは、いったんなんらかのラディカルな運動に加わったならば、その運動にすでに定着しているある理念を身につけた者たちによって、それと似通った精神をもつ者と見なされてしまうのである。そして、そういう共通のものに仕立て上げられた理念には、アルキメデスの支点がともなっていて、その支点を使えば世界の謎をやすやすと釣り上げることができるようになっているのだ。

このような考えは、残念ながら、これまたユーリウス・ハルトが取り憑かれていた変革の哲学が言及していたものであったのだ。それは、彼の著作『新たな世界意識』のなかで、絶対の真理として提起されていたのだ。

この著作こそ、言語批判の実例見本として恰好なものなのである。そして、言語批判論者が執拗に言い立てている諸問題が、そこでは直接視野に入ってきているのであり、そうした諸問題を横目で見ながら、旧き言葉が死滅し、新しき言葉が誕生していっているのである。その新しき言葉は王位に就き、神に属する真理を諸民族にもたらそうとしている。このようなものである、この新たな世界認識を根底から吟味するのは有益なことであろう。ただ、ここで望みたいことがある。要求を出すのは、これで最後にしたいのだが、どうしてもここで望んでおきたいのは、その真理が神の道義に関わるものであってほしいということだ。

この『新たな世界認識』という著作は、すでに刊行されていた『新たなる神』と題された著作の続篇として上梓されたものである。もっとも、それはあまり続篇らしいところがない。だが、ハルトの場合、いずれにせよ、そうなるであろうことはあらかじめわかっていたことなのだ。つまり、そこでは、衆知に属するハルト独特の主題が、違った方向からではあるが、またもや取り上げられ、高らかな口調で激しく説かれているのである。前著を読んだ者にとって、ここで必要とされるのは、同じ主題をさらに注意深く読み取ろうとすることではなく、この著作全体にわたる問題として、この「新たなる神」という表題が、現今の宗教に対する批判を旨にしてつけられたものなのか、それとも読者を宗教的な感激に導こうとしてつけられたものなのか、どちらなのかという疑問をもちながら読み進む

29　「ブルーノの意志」の原文は Bruno Wille。Bruno Wille（ブルーノ・ヴィレ）1860–1928 は、ランダウアーとともにドイツ社会民主党（SPD）主流と闘った青年派（Die Junge）のリーダー。『純粋な手段による解放の哲学』などの著書がある。彼の名前の Wille と意志という意味の Wille を掛けている。ここでランダウアーがいっているのは、ブルーノたち青年派のような善き意志も、ハルト兄弟のような新しい宗教に変わってしまうということだ。

ことなのだ。

『新たなる神』という、この本を読んでいると、しばしば次のように説いているのではないか、と思われてくることがある。つまり、まるで、現代という時代が必然的に、新しい、最後の、危険な神を生み出していくかのように説いているのではないか、と思われてくるのだ。けれど、同時に、その神が殺されなければならないというように説いているかにも思われ、しかるのちにあらためて、新しい神はむしろ人間なのだと気づくだろうと説いているかに思われてくる。人間は神と同じであり、やがて神になるであろうとハルトは思っており、そう説いているかのように思われてくるのだ。

『新たな世界認識』は、疑う余地なく、『新たな神』で説かれていることについての後者の解釈、すなわち神である人間が出てきているということをいっているにすぎないのだ。ただし、それがまったく前著の通りのことしかいっていないとは断言できない。だが、一連の流れは覆いがたく、この続篇のさらに続篇の刊行が間近に迫っていて、そこでは、その新たなる神こそ、ほかならぬユーリウス・ハルトであるとのべられているやもしれぬのである。

すでに刊行された著作を見れば少なくとも明らかになっているのは、この著者は、自分が創り出した宗教にすっかり感激したうえ自己陶酔してしまって、その新たな宗教が、これまでのさまざまな宗教の場合には、せいぜいのところ暗部に胚胎しているものとして見いだしていたにすぎないものを、白日のもとに知らしめたうえで、それこそが人類に約束をもたらすものだと自負するにいたったということである。

七〇頁では、次のように公言している。「すべての疑念は永久に払拭された。そのことは私の著作によって確定された」と。この類稀な理論によって、いまや、われわれはみな、人間がどのような最終宗教を求めることができるかを知ることができ、それをもって無謬にして純然たる知を手に入れることができる、というわけなのだ。

一七〇頁を読めば、まわりくどい言い回しはいっさいなしに、権利を主張しうる者ならだれでも、その新しい宗教に理論的にも実践的にも到達することができる、とのべられているのがわかる。そこでは、さらにこういわれている。「このようして知ったことは、一つの新しい宗教につながる真実にして純粋な統一的世界観に入っていく扉なのである。そして、その宗教と世界観においては、すべての対立と矛盾が解消してしまい、現実に存在しているものにまつわるすべての恐れや気がかりは、われわれ自身の双肩にのみかかっていることになるのだ。」

驚くべき二博士とでも呼ぶにふさわしいハルト兄弟は、われわれの生の活動の中心点をめぐって、その来し方・行く末のすべてにわたって明らかにしてくれ、それにもとづいて、われわれに実践的助言をあたえてくれた、というわけなのだ。

それでは、ユーリウス・ハルトは何をもってわれわれを助けてくれるのだろうか。われわれは、そこであたえられているであろう福音を知らなければならない決定的な瞬間に直面している。だが、私はここで読者をしばしおしとどめ、決断を遅らせてもらわなければならない。まず、ここで私がご覧に入れる二つの映像をじっくり眺めていただきたい。

ある医学の教授が、顔面丹毒[30]とはどういうもので、どう治療したらいいかについて、教科書を書いている。そのなかで、もしこの丹毒が治らないときには、どんな害悪があるのかについてものべている。

一方で、信心深い村の鍛冶屋が、心から彼を信じ込んでいる老いた農婦にむかって、祝福の言葉を口ずさみ、その顔にできた顔面丹毒についておぼろげな言葉をもらす。そして、丹毒に対して呪文を唱え、それによって農婦の病を治そうとしているのだ。

さて、このとき、自分の著作のなかで顔面丹毒について語っている大学教授が、この鍛冶屋のような暗示の力をすでにもっていたとしたら、どうであろうか。もしそうであったなら、教授は、顔面丹毒の概念、その精髄、その総体、その多様性の統一を、あたかも呪文のように語ることによって、その病を治すのではないか。

このような暗示による方法を、ユーリウス・ハルトは自分の著作のなかで著述の業に適用したのだ。村の鍛冶屋ならぬ大学の鍛冶屋となって、すべての問いに呪文をかけ、それによってすべての問いに答えたのだ。対立物に対して呪文を唱え、それをもって対立を解き去る。それは、とりとめもなく、定かならぬものではあるが、たったそれだけで——すべての悲惨、すべての窮乏を——癒やすに足りるのであり、実際にそうした災いを遠ざけてしまうのである。

疑いをもたないこと——それこそが、われわれの時代において暗示がもたらす治癒なのである。そうなのだ。思うに、ハルトは、持ち前の単調な讃美歌風の、穏やかになだめるような文体で、読者を首尾よく催眠状態に陥らせたのだろう。ユーリウス・ハルトは、その魔法の言葉をもって、あらゆる精神的・肉体的苦痛を癒やすのだが、そのとき使う魔法の言葉とは、「変換」（Verwandlung）という言葉なのである。さて、「変換」とはどういうことなのか。つまり、こういうことなのだ。――直観によってとらえられた世界には、絶対的な対立も原因と結果の分離も存在しない。むしろ同一のものが新しい現象のなかにあって持続しているのである。対立は、われわれの思考のなかにのみ存在するのだ。

そうであるなら、世界のなかで何か困ったこと、苦痛をともなうことが起こったとすれば、それは誤りにすぎないのだ。別の場においては、われわれは非常に根本的なところから誤りを正されたのだから、こういうところにもなんの対立も存在しないのだ、と教えられ、また、ほかのところでも同じであって、それぞれが言明していることがそれぞれに正しいのだ、どっちでもいいのだ、と教え導かれているのに、それがまだわからないのだ。

一頭の羊が一頭のライオンに食べられたとするなら、羊は、人間が不正確にも死と名づけたものを得るわけだが、そうすることによって、羊の生はライオンの生に変換されたのだ、というわけなのだ。――こういうふうにハルトは説く。だが、偉大な芸術家である自然は[31]、とにもかくにも、その種の手品のようなことはやりはしないのだ。そんなものは、まったくとんまな話にすぎない。こんなこと

30　Geschchtrose 顔面の皮膚の瀰漫症状。

は、あの魔法の話同様、とうてい認められはしない。

人間は、羊はライオンに変換されてしまったがために羊としては消滅してしまったのだ、というふうには思わないものだ。羊は、羊のことを知っていたすべての者の思い出のなかに、精神的な形態をとって生きているのだ。

思考とあらゆる抽象とは、それ自体一つの世界をなしているのである。だから、思考が直観と符合しないといって嘆くことはない。肉体的なものが、それぞれたがいに入り混じって、変換されるがままにまかせておけばいいのと同じように、思考においても、ある理念がほかの理念に変換される場合も変換されるがままにしておけばいいのだ。肉体的なものが精神的なものに変換される場合もおなじことである。「そのとおりだ」と正確を旨とするユーリウス・ハルトは答える。「熱エネルギーが運動に変換されるのと同じように」肉体的なものは精神的なものに変換される、というのだ。

われわれは、われわれの思考が知覚ときちんと対応していないといって嘆く必要はない。たとえば特定の香りは、まさしくその香りなのであって、それはみんなが知っている。その香りをあえて思考しようとする必要はない。思考は別の領域に属しているのである。

だから、ユーリウス・ハルトが最初に到達した考えは、概念の司祭たらんとすることだった。この司祭は、概念をもって処方箋を書き、それによって苦しみを癒やすのだ。ところが、こういうふうに達した諦観を彼はほどなくまた忘れてしまう。この諦念――われわれが知覚したものをわれわれは知ることができないという諦め――を、一二一頁で「気味が悪い、むちゃくちゃで、乱暴で、ばかばかしいばかりの世界観」だときめつけるのである。

そして、前と違って、いまはもう、その矛盾からある原理を立てるのである。ここでは、以前にはとても慎ましく、きっぱりとした批判的態度を保ち、賞讃に値するような論証をおこなっていたのに、もうそうではなくなってしまっている。死というものについても、生きていく過程では死などというものは無用の語であるというような態度を取っており、生も死も同じようなものであって、生きているのも死んでいるのも同じことだ、といわんばかりなのである。

それと同時に、ハルトは、このときに使われている「である」という言葉は「と呼ばれている」と同じ意味であることにはけっして思い至ろうとはしない。彼は、いまや言葉というものを信じ切ってしまっているのだ。それは、言葉の遊びに身を任せた結果にほかならない。この著作全体にわたって、こうしたやりかたが押し通されている。小さな概念が打ち壊される。かと思ったら、その概念はふたたび手の内にもどって働きはじめ、表現のしかたを変えようともしないで復活され、生き返る！

なおも、一つの例を挙げよう。一六〇頁で、われわれはこんな記述にゆきあたる。「すべての存在は一つの激しく動く存在である。」この記述が意味しているのは、ほかでもない、次のようなことだ。「存在」[32]という言葉は、われわれの認識にとってなんの意味ももたない。そんな言葉はのりこえて棄て去るべきである。存在なんていうものはありはせず、ただ生成、運動があるのみ、というわけだ。

31　原文は schafsmäßig。Schaf（羊）を掛けて、「羊の話だけに羊のように間抜けな」というような言い方をしている。

ところが、ハルトは、これとはまったくちがうかたちで論述をしめくくるのである。彼は、自己陶酔にふけりながら、生成と運動あるのみではなく、固定されたものでありながら同時に推移するということがあるのだ、という。熱のこもった言葉で、むきだしの否定をカモフラージュし、積極的なひらめきであるかのように装っているが、このようなやりかたでつくりだされたいくつもの命題は、みなまったく迷信まがいのものに近づいているのだ。

たとえばこんな具合だ。「物質を運動にもたらすことによって精神になるのでもなければ、精神を運動にもたらすことによって物質になるのでもない。そうではなくて、運動とは仲介者なのだ。……」

運動というのは、われわれの哀れな言語が直観されたものを語ることができるようにするために、でっちあげざるをえなかった言葉なのであって、そのでっちあげを通じて、あたかも自立したものであるかのように実体化されたものなのである。

そして、ハルトは、実際にはたあいもない自己欺瞞にすぎないものにすこぶる心を打たれたようで、こうのべている。「そこには、われわれの眼前に立つ偉大な三位一体の実体がある。それは、古代エジプトの神官が初めて予兆に震えながら見たものであった。」

このように考えれば、ハルトは、都合のよいときには好んでその成果を利用しているマウトナーの言語批判論を引き継ぐかたちで、こう言うのが望ましかったと思われる。すなわち、存在［あること］と運動［動くこと］とは単なる言葉であって、直観にとらえられた現実においては、そこで知られている二つのものが問題なのではないし、またそれらが同じように知られている第三の何かに含まれていることが問題なのでもなくて、一つの未知のものが問題なのだ、ということである。なぜそうなのかといえば、すでにのべたように、いままで周知のものとされてきた表象方法がまちがったものだったからなのだ。それを受けて、ハルトは見かけの上では、いかにもすばやく、直観によってとらえられた世界は目下のところ関係がないのだ、と答えることができるのだ。

ところが、ハルトは八七頁で、大真面目で、すべての理念や概念はわれわれの思考によってのみ表現される、と主張している。この主張それ自体は何も嘲笑されるべきものではない。だが、ここでハルトが言いたいのは、むしろ次のような点にあるのだ。すなわち、概念によってとらえられた世界は、直観によってとらえられた世界と同じ程度に重要であり、また同じ程度に真実であるということ、そして、それはわれわれの感覚と一致する必要はまったくないということ、そういうことをこそ言いたいのである。

だが、それは正しくない。正しくは、直観されたものを諸概念が絶えず想起したりしないかぎりにおいてのみ、諸概念は純然たるかたちで自立して表現することができるということになるのである。それなのに、ハルトは七六頁で「物自体は認識できず、概念の世界では、われわれはそれぞれの間の関係によってのみ、そこに現れる一体性と異質性を通じてのみ、何かを知ることができるのだ。」と

32　「のりこえて棄て去る」の原文は aufheben。普通「揚棄する」あるいは「止揚する」と訳されている。

言っている。

私は、本心から知りたいと思うのだが、ここで「一体性」「異質性」といわれているような、なんとか性とか、かんとか性とかいうのは、いったい、物の世界に属するものなのか、あるいは概念の世界に属するものなのか、どちらなのだろうか。確かに、われわれの論理の諸範疇と記憶の引き出しにあるものは、現実世界と同じ程度に大きな価値をもつものだけれども、それらは事象を表す記号にすぎず、事象からは独立した空のカプセルでしかないのだ。ところが、ハルトは、これらの空のカプセルをもてあそんで、その完全に虚構にすぎない価値を、単に理論的にではなく実践的に十全な価値をもつものだと詐称するのである。

虚構の価値を実践に役立つ価値あるものとして提起した者が創始者と呼ばれたりする。ユーリウス・ハルトが当初創始することを期待されていたのとはまったく違ったかたちになっているのに、それが創始者哲学として充分だとして受け容れられるようになっているのではないか、と私は案じている。ハルトの早替り芸は、それに続く手順のなかで、至極直観的に出てきたものであるかのように現れてくるのだ。ハルトは、この著作の著述行程のなかで、手を換え品を換え、くりかえし例を挙げては、そうしたことをのべたてている。

一つの母細胞ａが分裂して、二つの娘細胞ｂｃになる[33]。一つの細胞が同じ二つの部分に分かれるのだ。二等分である、とハルトは勝ち誇ったように声高に告げる。そして、だが自然は君たちの数学と論理学を問題にしようとはしないのだ、と付け加える。なぜなら、その二等分なるものは、同時に重合なのだから。ｂはａと同一のものであり、ｃもまたそうなのだ！

私はできることなら、もっと慎ましやかに彼に反論することを望んでいる。だが、彼は、こう答えるだろう。体積にもとづいていっているのでもなければ、重量にもとづいていっているのでもない、物理学的にいっているのでもなければ、化学的にいっているのでもない、だが、確かにｂとｃは成長しているのだ、ｂとｃは外部世界そのものを引き裂くのだ、そして母細胞より大きくなるのだ、と。

私は、それに対して、ふたたび答える。彼がすべてにおいてまちがっている、などというつもりはまったくない。批判においては、すなわち彼がそれをもって論を始めた批判においては、まったく正しいのだ。だが、そこまでで、それより先は違う。それより先では、ハルトのもともとの批判の論点は手品とともに消えてしまい、批判に代わる積極的提言のためというかたちで、まったく空虚な言辞に取って代わられてしまうのである。

われわれの言語は、最初はあるひとまとまりの流れのなかにあって、当面している局面を取り上げることができるだけの不適切なものにならざるをえなかった（だが、それ以上のことはできなかったのだから、いたしかたない）。そして、次の段階では、不充分ではあるが、こうした個々の言語現象の形成にともなってつくられつつあった言語の原理を、それとさまざまなかたちで複合した構成要素のなかで、もっとも重要なものとして中心に据えて、それによってつねに同一の言語組織体の核心を守ら

33　母細胞は Mutterzelle、娘細胞は Tochterzelle。

なければならないことを知るのである。

人類の進化だとか、諸個人の永続だとか、壮健な長命だとか、そのほかさまざまな呼び方でいわれるものを人は価値あるものとして観ているわけだが、それらは、いずれにしても、いうところの無意識に関する学説から観るならば、心理的・生理的な意味において、たがいに緊密に連関しあっているのである。このように、人は一にして同一である事象に対して好んでさまざまに異なった名前をあたえる。だが、このことが無用な非常手段であることを正しく明らかにすべきなのだ。ところが、ハルトの場合は、こうしたさまざまに異なった名称が、いつも速やかにかつ密かに導入されて、いま見たように、二等分は同時に重合であるというようなことが主張されるのである。

そうなのだ。だが、それにとどまらない。それどころか、ハルトは、大真面目に三重化を持ち出す。そして、その三重化をもって彼流の三位一体だと称するところまで行く。それに関連して思い出されるのは、母細胞がその後またもやみずから分裂したという一件だ（一九一頁）[34]。「母細胞は、肉体的・精神的形態においてわれわれのなかに生きている。こうして、原細胞と娘細胞がとなりあって存在していて――しかも、両方ともそれぞれ違う物の見方から見られながら併存している――のをわれわれは見ることになる。違う物の見方というのは、原細胞は理念的なものとして見られ、娘細胞のほうもまた（auch）物質的なものとして見られる、ということである。」

愚かさをつらぬきとおしているのだが、それがどのように愚かなのかが自分ではわからないのだ。ほんの一語にすぎない「もまた」（auch）にその本質がはっきりと透かし見えている。ハルトは、前に見たように、自己欺瞞に満ちた愛着の装いに続いて、そこから三位一体をめぐる太古の奥深い意義に言及しているのだが、そこでは彼一流の計数処理がおこなわれており、五つのもの（理念的a＋物質的b＋物質的c＋理念的b＋理念的c）が生み出されているのだ。私は、いまここで、こうした奇術師の手際と高等山師の所業を詳しく説明する気にはなれないが、さらにまた娘細胞も物質的（！）だとされ、そうでありながら同時に理念的でもあるとされているのを見ると、そこから読み取れるのは、「私はそうした周知の属性を手にしている」というふうにいうか、あるいは別の言い方をするかどうかは、ユリウス・ハルトの好みに従って決められるということである。

私は、望むらくはハルト氏みずからが本心で企ててほしいと思うのだが、彼はこの素晴らしい精神的形態を社会問題の解決に適用することを提案されたらいいのではないかと思う。

ここに肉も住まいももっている失業者がいるとしたら、こんなふうなことを思い描くべきなのではないか。われわれがハルト氏の著作でこれまでに見てきたことを忘れていないなら、こういうふうになるということだったのだから。つまり、肉体的なものは、熱が運動に変換されるように、精神的なものに変換される。であるならば、運動を通じて熱を生み出すように、理念上の焼き肉を現実の焼き肉に変換することができるにちがいない。ユーリウス・ハルト氏は、こんな些細なことぐらい簡単に実現できるはずだ。

34　原細胞は Urzelle、娘細胞は Tochterzelle。

われわれは、ここで次の事実を思い起こすなら、それは時宜をえたこととなろう。その事実とは何か。それは、われわれが自分たちの実生活上でおこなうことについて平安と幸福を約束されたならば、その平安と幸福が、これこれこうなるだろうと推定できるかたちであたえられるのは、ハルトにとっては何ら驚くべきことではないという事実である。

「われわれの生活のなかで絶えずつきまとう矛盾を、われわれはたやすく解消している」と八八頁でいわれている。しかも、その箇所から読み取れるのは、その矛盾とは、単に理論的なものとしていわれているのではなく、まさしく「国家、社会、家族のなかに満ち満ちている」矛盾を指しているということだ。そうである以上、読者が、ここでいわれている解消とは、すでにみんながよく知っているあの解決のことだと思うのは当然であろう。もし死が生であり、支配が奉仕であって奉仕が支配であるのならば、われわれはそういうものになってしまうということ、つまりそういう見方に身も心も浸されてしまい、死を恐れないし、将来にわたって支配しようとも奉仕しようとももはや思わなくなる、というわけである。

だが、ここで読者は、私の話をさえぎって、自分の意見をのべることだろう。

それじゃ、全然矛盾の解決にならないじゃないか。ハルトがわれわれに約束したようにはならんし、そこでおこなわれることから生じるといわれていたことが生じないじゃないか、と。

なぜ、将来にわたってなんだ。納得できないな。なぜ、もたらされるはずの平安が善き意志と決意次第だっていうことになるんだ、このあてにならない人間世界のなかにあってさ。

実際には事実はまったくそうではないのであって、ハルトはそんなことは充分承知の上なのではないか。世界の内では食べられてしまう運命にある者たちは変転の道を歩むのみで、死すべき者たちすべてが以後の生を違ったかたちで営むのである。そして、どちらにしても、ハルトの教説に従えば、そこには錯誤はないことになる。ただ、同時に、徹頭徹尾虚偽なのは、人はまずもって新たな世界観をもつことによって、平安の到来を待たねばならないという結論である。それが新しい世界観であろうが旧き世界観であろうが、どちらでも同じことで、こういう見方は正しくない。

なぜ正しくないか。宗教戦争が起こって十万人が殺されたとして、それでもハルトの見解に従えば、すべてがよりよい秩序に収まるということになるのか、考えてみればいい。そのとき、宗教戦争で敵対した両側がいずれも正しく、死者たちはどちらにしても変転して生きる、というのだろうか。そして、それと同じように、資本家がみずからの支配下の労働者を搾取した場合、労働者の人肉が資本家の食事のご馳走になったわけだが、これはライオンが羊を食べたのと同じことで、道徳が口を出す筋合いではない、ということになるのだろうか。

憂鬱な気分にとらわれながら付け加えなければならないが、読者のほうがまったく正しく読み取っているのである。だが、実は、ここにハルトの読者にとっての大きな陥穽があるのだ。詭弁と杜撰な思考、そして心の内にある善き意志、それを押し通しているからこそ、ハルトはあのような結論に到達できるのである。そのようにして、彼の持ち前の世界観と道徳との間に、また思想と行動との間に、それなりの連関がつくりだされるのである。

ハルトの教説からは、実は、次のような事実が読み取られる。すなわち、まず、世界というのは喜ばしくもまた驚くべき芸術家であるという事実、実際に世界はそうなのである。それから、だから、その世界のもとにあるものはすべて祝福すべきものであるという事実であり、実際に人間の行為はそのようなものとしてあるのだ。だが、ただ単にそれだけではなく、そこには、そのようにすべてが祝福すべきものとして受け取れることができるようになるためには、ハルト自身の教説を信ずる必要があるという条件がつくのである。ハルトの教えに満たされた世界においてこそ、すべては善きものになるのだ、というふうな仕掛けになっているのだ。

人は生きつづけていくなかで、多種多様な根拠にもとづいて、何が正しく、また勝ち取るべき価値をもつものなのかを見て取ることができるようになっていき、それによってすべてはうまく運ばれていくことになるのだが、そうなるのは、その人の内面があの「変換」の教えによって充たされ、その教えの教説者である自分と同じような人間になっていくことを通じてなのだ、とハルトは考えているのである。そうなれば、その人の内面には善き真理が降り注ぎ、それが完全なる直観の核心にほかならないという状態になり、そうなれば「変換」というものが、あくまで副次的な産物として自然にともなわれるようになる、というわけなのである。

これを別の言葉で言い換えるなら、われわれはハルトのこんな教えに充たされることになるのだ。すなわち、すべては（「変換」ではなく）ソーセージのようなものである[35]、という教えである。

生きることとはソーセージのようなものである。
死することとはソーセージのようなものである。
貧困とはソーセージのようなものである。
富裕とはソーセージのようなものである。

そこから結論づけられるのは、われわれのありかた全体が、隅々までこうした教えの光に照らされるなら、ハルトがみずからの宗教と結びつけたのと同じものによって照らされることになるだろう、ということである。そのうえ、われわれはきわめて幸福な状態になるだろう。自分に対して異議を唱えるものなどありえないという状態になるだろう。おそらくなんの苦もなく、そうした幸福を手にすることになるだろう。そこに至る途に置かれているものを「変換」してしまえばいいわけだから。このようになってしまえば、おそらく、われわれはすでにすべてを関心の彼方に葬り去ってしまっているにちがいなかろう。

しかし、人間というのは、個人個人がそれぞれ目標をもっているものだから、ある一つの見方ですべて充たされてしまうということはありえない。だから、結局、人間はそれぞれが、みずからの生を

35　ドイツ語ではソーセージのことをWurstというが、この語は、「ソーセージのようなもの」「どうでもよい物・事」という意味を含む。

みずからの生によって評価することになるのであろう。そして、みずからの生を託した観念、みずからに使命や愉楽をもたらす観念、それらの観念をもって、世界といわば戯れるのである。

しかし、そういうことになれば、この本の著者がそうであったように、そこにはまったくの驕慢さ以外のなにものも残らないことになってしまう。そこから、著者の精神は、突然豊かで活発なものになるのだが、せいぜいのところ、揚棄という言葉へのささやかな批判[36]がふさわしいだけの存在になってしまう。

私が考えるに、そのような事態が物語っているのは、ユーリウス・ハルト個人の問題で私にはわかりもしないし追究する気もしない何らかの理由によって、彼が物事を具体的に直観によってとらえようという欲求を失ってしまったということだと思う。彼にとっては、言葉の上に言葉を重ね、重ねるたびに現実との関係を喪失していくのはきわめて容易なことであったろうし、そうであったからこそ、われわれにはうかがいしれないところで、我を忘れるほどの熱狂に駆られて、意味のない空疎な言葉遊びを弄することができるのだ。

それがいかにまちがった途を進むものであるかということを考えるに、それは必ずしも特別なことではなくて、われわれが生きていくために必要としている宗教的なものを信じているのと同じようなかたちで、ある一つの言葉の建物のなかに住んでいるということにほかならないのである。

このような傍若無人さや厚顔無恥さをそのままにしているなら、当然のことながら、そこから確固とした世界観を基礎とした生活態度と社会構造が生み出されることなど及びもつかない。こうした状態にあるかぎり、つねに不確かで動揺した感情に左右されることに甘んじざるをえないのだ。そして、そうした感情にとらわれているかぎり、われわれの純粋さを求める精神は、大いなる幻影の世界像と善き感情に充ちた生との間に橋を架けてつなぐことになっていく。そうすると、その善き感情に充ちた生とは、つまるところ、単にわれわれの憧憬がいかに大事なものかを心に刻もうとするだけのものになってしまうしかないのである。

そこには、われわれが実際に証すことができ、日常生活の要に応えることができるような、コスモスと人間の営みとの間の結びつき、そしてまた神と人間の道義との間の結びつきといったものは、実はありはしない。そこにあるのは、把握ができ愛惜することができるようなかたちで世界像をみずからの手でつくりあげようという意志だけであり、その世界像と調和するように、われわれの生とわれわれの備えを整えようという意志だけなのだ。

ゲーテの簡潔にして偉大な言葉によるなら、それは次のように言い表されている。この言葉は、思い上がりや精神のひけらかしから遠く離れた地点に、われわれを連れていってくれ、読む者を圧倒する感情と予感の戦慄で震わせるのだ。

人間は、いかにして無限なものに向かいあって立つことができるか、さまざまな側面から引き

36　すでにのべられた「対立物の揚棄」に関するハルトの論の積極的側面のことを指している。

寄せられた、すべての精神的な力が、その人間の内奥、もっとも深き所に集められるとき、この永遠に生きる秩序のさなかにあって、その集中点において、至上の感動が純粋な中心のまわりをめぐりながら突き上げてくる瞬間に、なおまだ思いを凝らそうとするのか、とみずからに問うときでないだろうか。

この言葉が収められているゲーテの著作においては、ここでいわれていることは、ある意味ではこれから断念しようとしているということであり、またある意味ではすでに断念しているということでもあるのだが、いずれにしても、その断念とは、不可能なことを実現できるかのように安易にいったりせず、またそのようなことを望んだりしないということを意味しているのだ、とのべられている。

そして、ハルトとその同類たちは、そういう断念をしようとはしていないのだ。このように「私はその不可能なことを望んだのだ」といい、その不可能なことを成し遂げたと告げるとき、そこにはもはや愛にもとづくものは何もなく、ただよりはっきりした拒絶が見て取れるだけなのである。

われわれがこれまでその経緯を見てきたように、マウトナーは、言語というものは精神によって自立したかたちで構成されたもので、固有でみずからに内属した法則をそなえているという、これまで通用してきた見解を根底からくつがえしたのである。これまでの見解にもとづいて建てられた法則は、まずもってまちがったものであり、そのうえ、もともとそのように編成されうるようなものではなかったのだ。言語というものは、そもそも構築されたものではなく、さまざまな事象、さまざまな活動が、ほかの事象、ほかの活動と関連しあいながら、集積したものなのである。そして、そこにおいては、人間相互の間に発生する精神的事象が問題になる。なかでも問題になるのは――きわめて広い意味における――利害＝関心《インタレスト》のなかで、どのような利害＝関心が人間の言語をもたらし、またその言語の変転をもたらすことになったのか、ということである。

しかしながら、言語の運動と変化の機制を探求しようとする際に、われわれがもちえている材料は、あっちに向かったり、こっちに向かったりしていて定かでない、貧しく乏しい断片にすぎない。そうしたもののなかで、われわれが、さまざまな挫折の末にようやく手にするのは、機械的に効果を発揮する法則ではなくて、綿密な心理学的な観察にもとづいているとはいうものの、それ自体は幻想と仮説にすぎないものでしかないのだ。

マウトナーが研究したのは、自分と自分たちのまわりで言語がどのようにして生まれ、成り立つようになるのかということ、そしてそこではどのような要素が効果あるものとして働きうるのかということについての考察である。そのために彼は、第一に動物の言語、第二に児童の言語、そして第三に成人の話し言葉のなかに働いている慣習と変容のありかたを明らかにしようとしたのだった。

マウトナーがわれわれを導いていった道はわれわれを魅きつけてやまない。そして、目を瞠らせられるのは、さまざまな箇所でマウトナーがシュタインタル[37]たちに反論して浴びせている怒りに満ちた言葉だ。

シュタインタルらは、動物が思考力や言語をもっていることを認めない。そして、人間がもっている道徳にあたるものを、動物の場合には本能という名で呼ぶのだ。そのうえで、まさに言葉の暴力としかいいようのないやりかたで、シュタインタルは、人間として許されざるような驕慢さを示して、事もあろうにみずからが神でもあるかのような態度を表している。また、児童の言語に関する章では、細々とした観察を挙げながら、人間の愛に満ちた好意を称揚し、その一方では、まるで坊主談義のような論法で惑わしながら、動物の判断力がもともと明確なかたちでは存在しえないものであるかのように論じているのである。このようにして、人間の言語が動物の言語の道をたどってきたものであることを明らかにしようとせず、それによって、ある面において人間の言語を不完全なものにしてしまい、またある面においては人間の言語についての知を不完全なものにしてしまうことを通じて、不完全にしたといったときとは別の意味で人間の言語を過度に完全なものに仕立て上げてしまうのである。

前の二つの主張――動物の言語を無視することが人間の言語と人間の言語についての知を不完全なものにしてしまうという主張――は理解しやすい。一般にも、動物はおおよそある種の思考力くらいはもっているもののように見なされている（その思考力が本能と呼ばれているわけだ）。だが、われわれの観察がまちがっているのでなければ、個々の動物が新たに知能を獲得していったという例はきわめて少ない。さて、問題は三つ目の主張――動物の言語を無視することが人間の言語をあまりにも完全なものとみなしてしまうという主張――で、これを前の二つの主張と同じように理解できている人は多くない。

これについて、マウトナーは、次のようにのべている。高度に発達した動物は、少なくとも硬くて固定的な概念はもちあわせているし、そうした概念に対して、ちょうどわれわれ人間が自分たちがすでにもちあわせている概念に新しい印象を付け加えて結晶させていくのと同じようなことを充分におこなうことができるのだ、と。さらにマウトナーは、「ニュートンは力というものに一つの言葉をあたえて名づけるが、犬はわれわれのもののような言葉をもっていないから、それに向かって唸り声を上げるのだ。」といっている。

マウトナーは、またそこから、それでは動物の言語は言語の歴史の上ではどのように説明されるのか、という問題を提起する。そして、幼児の言語において、言語以前の舌足らずな発声にすぎなかったものが次第に筋の通った概念語になっていくのと同じような言語の発達が、かなりの確かさで、動物の場合にも観察されることを示している。

マウトナーは、このことをもって、動物の概念形成あるいは動物の理性を非常に高く評価しようとしているのではないことはもちろんである。私が思うに、彼がいおうとしているのは、概念を形成するということは、いままで考えられていたような特別なことではなく、それよりずっと身近で原始的なことだということなのだ。まだ単純な存在にすぎない動物の集団において、先に立たなければならない者が、自分たちの周囲をくんくん嗅ぎまわったり、目を丸くして見つめたりする行為と同じこと

37　Heymann Steinthal 1823-1899 ドイツの言語学者。古代ギリシア以降の言語学の歴史を心理学を援用しながら素描した『言語学史』を著した。

なのだ、といおうとしているのだ、と思うのである。

いまここで使われた表現は、マウトナーがすでに伝えている言語の発生に関する一つの考え方から引き出されてきたもので、言語が――まだ発生していないときに――生まれていく過程で、それにともなって現れることがあるいくつかの事例として、それとは別の価値を付与しようとしているわけではない。痛いときに反射的に出る声（泣き声）、喜んだときに反射的に出る声（笑い声）、そして驚いたときに出る声、そうした声から言語が発生したと考えることができるということにほかならない。

マウトナーは、こうした実り多い考察を展開しているが、そこから一気に突き進むのではなく、さしあたっては、生体が周囲から感じ取った刺激にさまざまなかたちで反応する、そうした反応と同じ性質のものとして、これらの反射的な発声があるのだという立場にもどって考えている。そして、ここで示されているのは、こうした数多くの発声が一つの単純で洗練された型式に純化される場合はずっと少ないのであって、むしろ、これらの自然に出る声と同じように、動物や人間が現実世界にあるさまざまな事象を指し示す印として、明瞭な発音の音声を使うところから言語が生まれてくる、そこのところが問題だ、ということなのである。

その際には、内的世界・外的世界がまったくその言葉に解消されてしまうわけではない。未開人はみな、その言葉において、自分が感じた驚きと、その驚きを引き起こした野生動物とをはっきりと区別していたわけではない。だが、不安と驚きを凝縮して発せられた叫びは、いまだ言語ではない。こうした叫びをまねることが伝達として使われ、それが了解されるようになったとき、初めてそれが言語になるのである。反射的な発声がまねされるようにならなければならない。それを通じて言語になるのである。

このとき、ある特定の反射的発声だけがまねされて、自然環境から発せられるそれ以外の音声が同じようなまねの対象にならないということは、なんの根拠もなく認められ受け容れられていることなのだ。ということは、音まねというものが、それなしには言語の発声を思い描くことができない不可欠の要因の一つであることをマウトナーは受け容れているということになる。ただ、彼は次の点を決定的なこととして付言している。それは、発声が不明瞭ながなり声のような反射的発声・自然的発声をいくらそっくりまねしても、そこから言語に類したものは生まれない、ということである。

言語というものは、みな発声が明瞭なものである。動物の言語も、幼児の言語もそうである。言語はみな事象のものまねなのだ。だが、まねであるだけでなく、その事象を指し示す目印なのである。そして、いわゆる音まねの場合には、その目印は、事象そのものとは遠く離れた、相似があるのみのものなのであって、それはもともと便宜的な相似にすぎないのである。

したがって、擬音語について重要なのは、それが音まねではなくて、その音がするものの象徴であり、表象、目印、転写であることなのだ。マウトナーが、こうした重大な発見を表すのに遣った言葉を用いれば、結局のところ、それはメタファー（隠喩）[38]なのである。

マウトナーが、生きて働いている言語を見ていて気がついたのは、新しく創られたものも、意味が変えられたものも、みなメタファーだということ、新しいことを表現するためには、つねに手近にあるものを写し取るということがおこなわれなければならないということであった。これは言語にかけられている呪いであり、それが言語というもののもともとのありかたなのだ。言語は、新たに知覚されたものを口に出していわなければならないわけだが、そのとき、何か思いつきの適当なものを古くからある語に貼りつけなければならないのである。

なんらかの像がなければ、われわれは話すことができない。すでに古くからあるものを通してのみ、それと比較するというやりかたをとってこそ、新しいものを意識にとどめることができるのだ。そのようにして意識にとどめるとき、われわれは、感覚に印象づけられたものを超えて先に進むことはできないのだ。それどころか、さらに由々しきことといってもいいが、言語というものは哀れにも、つねにうまく作動しない道具なのであって、ただしっかりとしがみついているだけ、ただくりかえし再現しているだけで、それによってのみ働くものなのである。

すべての言語は、本来あるものを、本来はありえないものに写し取るものなのであり、それは「連想」以上のものではなく、そこには微かでぼんやりした類似がありさえすればいいのだし、言い表しえないものが、言い表しえないままに、なんとかして記憶のなかに統合されてさえいれば、それでいいのだ。これはマウトナーが悲嘆をこめながら明らかにした実り多い発見なのだが、言語とは記憶にすぎないのである。言語は何か新しいことを言い表すことなど、実際にはできないのであって、ただかろうじて旧きものをみずからのもとに保ちつづけることしかできないのである。

しかし、われわれが知っている言語形成のすべてがメタファーであり、しかも見たところでまったく本物の音声模倣だと思われるようなものが単なるメタファーであるとするなら、考えは否応なく次のような仮説に近づいていき、それを肯定しなければならないはめに陥っていく。その仮説とはどういうものか。それは、すなわち、言語は太古において誕生したときにも、またいま成長していくときにも、同じようにメタファーを通じて、正確にいうとメタファーとしての音声模倣を通じて成り立ってきたのだという仮説である。

そこで模倣された音声は、元の音声とできるかぎりそっくりにまねされたものであるわけではなく、それらの音声を通じて既知のものが想起され、既知の像が意識にあたえられればいいのである。そこにあるのは、マウトナーがいっているように、ある神秘に充ちた一致なのであり、その一致が働けば、現実世界にあるさまざまなものがたがいに転写されうるということなのである。

さまざまな運動を通じて、別の運動が想起されるだけではなく、その結果として、たとえばオーという音が、まずもってそのオーという音として知覚されるだけではなく、オーと声を上げるときの大きく開けた口を通じて、一つの大きな空間も感覚的に知覚されるのであり、またイーという音は、そ

38　マウトナーとランダウアーの言語観を理解するうえで重要な概念なので、一言しておくと、メタファー（Metapher）とは、たとえば時間は貴重だということをいいたいときに「時は金なり」といったり、老いて髪が白くなったことをいいたいときに「頭に塩を置く」といったりするような表現のしかたのことである。つまり、そこでは、ある語（いまの例でいえば「金」や「塩」）の意味が本来の意味とは別の意味に転用され、それによって表現したいことが間接的に暗示されるのである。

れを発する口の大きさにふさわしい小さな空間と、同時にそのトーンを通じて色も感じ取ることができるのである。われわれは、いろいろな感覚を作動させるエネルギーに応じて、それぞれある像を思い描くことができるのだ。

このようにして、メタファーは、なんらかのしかたで世界に近づいていこうとするうえで、そうした像を生み出すのであり、マウトナーは、まだヴェールを被せられたままの世界のなかにこのような衝動が働いているのを見いだすのである。かくして、稲妻、雷鳴、死、殺人、飢餓、寒気、愛、小児といったものが、不思議な神秘に充ちたさまざまな音響を通じて、連想されるのである。

「生成しつつある言語は、こうした圏域において自己運動しなければならないのであって、伝説的に語られている語根[39]において生じるのではない。」とマウトナーはいっている。言語は、その生成のとき、同じような衝動、同じような力能の働きを通じて発生するのであって、だから現在においてなお、そのようにして生まれているのだ。

言語は、芸術の手段としてではあるが、豊かに生まれつつある表象、そうした表象の洗練を通じて、つねにより完成されたものになっていくことができるのである。だが、今日においてもまだ、現実というものがいかなるものなのか解明し提示することはできていないのであって、ただわれわれ自身の感覚における印象として想起されているにすぎないのである。

マウトナーは、さらに考察を拡げて、文字は言語にとって何らかの意味で決定的なものを変えることはできない、と論ずる。文字の影響がそこまで高いところまで達せられることは決してありえない、というのである。文字によって、まず想起そのものは完全に近くまで発達させられる。というのは、文字が言語の変化に決定的な影響をあたえるのは、文字を通じて、共通語が方言に反作用を及ぼすことによってだけではないのだ。それだけでなく、それまで書き文字をもたなかった言語にアルファベットが導入されることによって、別の音声で表現されるようになることを通じても、決定的な影響が及ぼされる。

マウトナーは問いかける。よく知られているドイツ語の音韻推移は、そもそも最初はドイツ語にうまく適合しないラテン系のアルファベットを使うことによって、それまでとは別の基礎の上に建てられたからではなかったろうか、と。そしてまた、文字が言語の発達をあらぬ方向に引っぱっていき、多大な影響を及ぼした結果、文字というものが正当なものとして保たれることになったのではないだろうか、と。文字の使用は、最初は唖然とさせられるほどの影響を及ぼし、のちにはその影響がすっかり心をとらえるようになったのだ。しかし、まだ学識が充分には普及していない時代に、どこにおいても文字がこのような大きな力をもつことができたかどうかということになると、私には疑わしい。

より重要なのは、ただの文字ではなく印刷された文字というものが、われわれの思考法を変化させたということである[40]。すべての思考は、まさしく言語なのだ。だが、われわれは単に話すことを通じ

39　語根とは、語の構成要素として単語の意味の実体をなしているものを指す。たとえば、英語の cor はラテン語で「心」を表し、accord（心の一致→合意）、courage（心に宿るもの→勇気）などの語の語根になっているとされる。日本語でいえば、「落とす」の「おと」、「黒い」の「くろ」などが語根とされる。

て考えるだけでなく、ここで、それに加えて、本を読むことを通じて考えることを始めたのだ。まさしくそうなのだ。すでに技術者や数学者の仕事においては、話し言葉というのはもはや不必要で有害ですらある夾雑物になっていたのである。公式や文字や記号で表現すればすむことを言葉で言うのは苦労がかかるだけだったのである。

こうした記憶媒体の著しい改良は、われわれが自分で記憶していなくてもすむようにしたわけだが、それは、残念ながら、われわれ自身の記憶こそが重要な問題なのだという決定的な事実をなんら変えるものにはならなかったのである。こうして、『言語批判論』のこの巻の終わりのところで、マウトナーは、ふたたび同じ問いをくりかえし問いかけることになるのだ。

記憶はどのようにして成立し生成されるのであろうか。

理性の歴史（理性の歴史というより、むしろ理性活動の歴史というべきもの）に適合するのは、どういう要素なのであろうか。

人間と動物は何をもって区別されるのであろうか。

というより、人間をしてみずからを人間であると自覚せしめるようになったものは、動物からどのようにして生まれてきたのであろうか。

これらの問いは、最初にはよく知られたかたちの問いとして提出されたものが、新たに言い換えられていったものである。その最初の問いとは、人間が経験に対して何らかの概念を立てる必要に迫られたとき、概念は経験からどのようにして形成されるのか、ということであった。

そして、マウトナーはカントの研究成果を発展させ、その方向性を変更して、カントと対決するにいたったのである。

純粋悟性の直観形式は、初めからあらゆる経験に先立ってわれわれの内に存在しているはずなのであって——それにもかかわらず、あるいはそうであるがゆえに——現実の世界と重なり合うことになるのである。時間・空間・因果性は、初めから生得のものとして、そして遺伝によって引き継がれるものとしてあるのだとするならば、そのかぎりにおいてのみ、経験に先立ってわれわれの内にあることになる。

時間・空間・因果性について問題なのは、方向感覚につながる遺伝的な素因であり、もっとはっきりいえば、遺伝的なメタファーが問題なのだ。われわれのすべての経験において、形式の上で本来的に理性の前提条件になるのは、生後初期に現れるイメージである。このイメージの助けを借りて、われわれはみずからの記憶の内に——より正確にいえば記憶として——現実とはどういうものか、あらかじめ憶えておくことになるのである。

時間・空間・因果性は、きわめて抽象的な習得された概念にすぎない。それらの概念は、想起されるあらゆるイメージに含まれているものだから、われわれが表象するすべてのものから引き出すことができる。遺伝を通して巧まずしてそなわっているわれわれの感覚が、おたがいに共通のものである

40　これはのちにマーシャル・マクルーハンが『グーテンベルクの銀河系』で決定的に明らかにしたことである。

のとまったく同じように、記憶とその「形式」とは遺伝によって引き継がれるもので、共通しているのである。理性とは、現実のなかで初めて方向づけが可能になるような一つの器官なのではない。そうではなくて、逆なのだ。こうした方向づけは、われわれの内に何らかのかたちで遺されたものなのであり、遺伝を通じてあらかじめ獲得されていたものなのである。そうした獲得物を理性とか記憶力とか呼びうるということにすぎない。

しかし、それなら、この記憶というのは、最終的に何なのであろうか。われわれがただ印象を感じ取るだけではなく、それを残存させることができるのは何によってなのであろうか。たとえば、感覚がすでに受け取っていたものを、いま感覚にあたえられているものへと、何か硬いものを何か柔らかいものへと、似たものを似たものへと、何らかのかたちで引き継いでいくように、感覚に刻み込んでいくことができるのは、何によってなのであろうか。この疑問を焦眉の問題として気にかけることは、すこぶる重要なことなのである。

マウトナーは、この問題に対して、自分は何の解答ももちあわせていない、といっている。「われわれは、だれかがこの記憶に対する問いをより明確な問いとして立ててくれるまでは、この問いにいつまでも答えられないでいることだろう」と。そして、そうはいいながらも、その途次で、ひょっとすると実り多いメタファーになりうるかもしれないようなかたちで、一つのイメージを提出している。それは妙案ではないかもしれないが、おぼろげながら解決の予感をはらんだものではある。

マウトナーが示唆しているのは、慣性の法則とエネルギー保存の法則を応用することである。それを精神生活にあてはめることができるなら、あるいは感覚というものが完全に失われてしまうものではなく、そのなんらかの剰余がわれわれの内に残存し、それがまさに記憶になるのかもしれない、というのである。

この「ひょっとすると」「あるいは…かもしれない」で、この巻は終わっている。そして、われわれは依然として、われわれをぞっとさせ、われわれを嘲るかのような二つの問いを受け取ったまま、祝福の行列をなしたまま進んでいかなければならないのだ。

遺伝それ自体が記憶以外の何物でもないとしたなら、記憶はいかにして遺伝しうるのだろうか。同じことを指しているものを違った言葉で裏づけてみても、それで解明したことになるのだろうか。どのようにすれば理性の歴史というものを書くことができるのだろうか。そこには、どうしても想起の想起以外の何物も存在しえないのではないだろうか。それは、不可能性あるいは同義反復と呼ばれるものである。

マウトナーは、言語批判というのは、それ自体がまた言語作品であるということを忘れさせはしない。われわれはいま、次のような言葉を感謝をこめて思い出しながら、彼に答える。その言葉は、『言語批判論』のこの巻で、誇り高く決然とのべられている。「私がのべたことは、言語が私に言わせたことなのだ」と。

さて、だが、マウトナーは、続けていう。自然的なものだと見なされている時間・空間・因果性とは、払拭されるべき概念であるだけではなく、われわれの感性と接続された悟性が、空間的なもの・

時間的なもの・原因になるものとして統覚するものであり[41]、それがメタファーなのだ、と。彼は、ずっと前、ずっと早い段階からそのようにいっていたのだが、ここであらためて確認しておくと、認識の原初的な段階におけるメタファーは、現実世界との間に神秘的な一致をすでに確保していなければならないのである[42]。マウトナーは、そう考えていたのである。

「メタファーは、どこかで現実と重なり合うのだ」といわれている。それはどうしてなのだろうか。現実そのものがまさしくメタファーにほかならない、というところからそうなるというわけではないのだろうか。われわれの五感、無作為の感覚が、そのまま言語を語るのだろうか。言語がかくも不毛なのは、もしかすると言語そのものがあまりにも感覚的だからなのだろうか。言語は、すこぶる主体性なく、現実と称されているものに準拠してしまっているのだろうか。そして、それぞれまったくよく似た誤った手段をもってあらかじめ話されていたものを、ただ口まねしているだけなのだろうか。感性は言語と、そしてショーペンハウアーが悟性と呼んだものと、あまりにも緊密に一体化してしまっているので、ごくわずかな感覚的印象でさえ、言語がそれと協力して作動しないかぎり、成り立たなくなってしまっているのだろうか。あるいはまた、一つひとつの知覚あるいは感情そのものが、すでに一つの連想、一つのメタファー、一つの想起されたものにすぎないのだろうか。世界を新たなメタファーによって表現しようとする試みは実を結ぶことのない不可能な企てなのだろうか。

マウトナーは、こうしたさまざまな疑問に道を指し示している。私は、これからの行論において、マウトナーの精神に立脚しながら、それなりの解答を出してみようと考えている。

2

目で見るより耳で聴くほうが、より多くの智慧を学べる。聴覚は多くのものを内部へ持ち来たらし、視覚は多くのものを外部へと指し示す。

マイスター・エックハルト

認識する主体と認識される客体との間には何の違いもない。

パリ大学　西暦一二七六年

これまで、マウトナーの著作の根本思想の一端をなるべくわかりやすく再現してきたわけだが、それでもなお欠けていると思われるのは、マウトナーがどのような気持ちからこの著述に取り組みはじめ、また続けていたのか、その根本にあった感情を明らかにして示すことである。そして、最終的に

41　「統覚する」の原文は apperzipieren。視覚、聴覚、触覚など諸感覚を統合すること。
42　このような意味での原初的なメタファーとは、フィヒテがカントから引き出して『全知識学の基礎』において認識論上で大きな役割をあたえた「構想力」（Einbildungskraft）の概念に関わるものであろう。

は同じことになるのであるが、マウトナーは自分の掌中にある武器をいったい何のためにわれわれにあたえようとしたのか、その意図が示されなければならない。それは、簡単にいえば神のためにということになるのだが、それならば、その神の目的は何だったのか、ということである。

マウトナーが、この仕事に取り組むにあたって、長年かけて育て上げ、それとともに進んできた感情とは、カントも、カントの哲学をいくらか改良したほかの哲学者たちも、誤った「神」の仮説に甘んじてきたにすぎない、ということであった。

言語を攻撃しなければならない。それだけではなく、われわれの認識そのものが言語にすぎないということを認識しなければならない。それは、ある問題にきっぱりと決着をつけて確定させるためにぜひとも必要とされているからであった。その問題とは何か。問題は神にあるのか、それとも道徳的世界秩序にあるのか、あるいは世界の合目的性なのか、はたまた世界の深い意味なのか。または真理の探求、世界の認識可能性なのか。みんなが対象として考えているものはいろいろと挙げられるのだが――実は、これらすべては同じことなのであって、世界とは何であるかを言い表すことができると信ずることは、神を信ずることと同じなのである。

諸君らがつねづね世界といっているもの、それは言葉の集合とイコールなのだ。ということは、そこでいわれている世界とは真実のものではない、ということである[43]。真理は、これまでのところ、つねに、それはこれこれである、としかいわれていない。その「これこれ」にあたる言葉が、これからはそうしたもの以外のものに適用されるべきだということになれば、事情はまったくちがってくるわけである。

現実という言葉を取ってみても、われわれはそれを無頓着に、われわれに対して作用を及ぼし、逆にわれわれが作用を及ぼしてもいる現象界のことを指すものだとして、それで満足している。だが、真理というものは、まったくの否定の言葉なのであって、それ自体が否定なのである。それゆえ、すべての学問の主題と目標は、本当のところでは、その究極の結論において、否定するという本性をもったものなのである。

だから、マウトナーが言語に対しておこなっている闘いが言語を通して感じ取られることにはなんの矛盾もないのだ。そうであるからこそ、その闘いにおいて概念言語が負わされている役割は、どうしても、そうではないもの、いままで信じられてきたものを否定するものになるわけである。だから、真理は否定になるのである。すべては違う。それは、われわれが真理といってきたもののすべてに適用される公式になるのである。

人が大いなる謎を解くものを死の背後に見いだそうと探し求めてきたのは、まったくこのことを予感していたからだったのだ。私がいいたいのは、人はずっと感覚に受容されたものからまちがった推論を導き出してきたのだ、ということである。そして、その果てに、真理というものを違うものと思

43　だから、「神」「道徳的世界秩序」「世界の合目的性」……などといった言葉の意味内容は違っても、人間が考え出した言葉の体系のなかにおける意味づけにすぎないという点では同じなのだ、ということである。

いちがえてきたのだ。だから、いま前に進んでいくために必要なのは、認識のすべてにわたって、認識方法を根本的に変えることなのだ。

だが、そうした変更は、そのままでは、またもや同じ実定的なもの[44]にすぎず、一つの状態にすぎないのであって、そこに出てくる「そうではないもの」も、やはり単なる否定を表明して、「決して〜ではない」という定立をおこなうことしかできないのだ。このような見方からするなら、「真理」なるものは、「物自体」とともに崩れ去る。われわれが「現実」といっているものの背後には何があるのか。何か別のものだ！　世界そのものはどのようなものとしてあるのか。別のありかたとしてあるのだ！

だから、人間はどうしても世界を認識することができないのだ。なぜなら、人間は、世界を空間的・時間的・物象的に知覚し、そこに言葉をあてはめていくというかたちでしか認識することができないからだ。そして、こうした認識の結果が真理にほかならないということが、見事なまでの鋭敏さと明晰さをもって、くりかえし言明されてきたのである。そしていま、きわめて深い憧憬に駆られて、実定的なものへの安らいが渇望されているところ、そしてその渇望の故に恐れともごまかしとも無縁であるところ、そういう圏域のなかに置かれている人たちにおいて、同じことが言明されているのだ。

かくして、さまざまな哲学における世界観の歴史を通観するとき、そこには諸宗教における場合と同じように、おのずから二つの陣営への分化を観察することができるだろう。すなわち、一方の側には何らかの実定的なものによってすみやかな安心をえようとする人たち、聖職者たちや哲学体系の創始者たち、より悪しき者としては坊主連中や哲学教授連中がある。これに対して、もう一方の側には、情熱と苦悩のなかから平安を激しく求めているのだが、何物によってもけっして癒やされない人たち、異端者や宗派信徒、神秘思想家たちがいる。

後者の側の人たちは、一つの系列に沿って進んでいる。その系列の始まりがネオプラトニズムの思想家[45]にあるといえるかどうかは定かではないが、後者のような傾向がそこにおいて初めて認められることは確かである。そこからさらに進んで、五世紀のディオニュシオス・アレオパギテースが最初の頂点をなしている。七世紀のスコトゥス・エリゲーナ[46]が第二の頂点を形づくり、これが中世のスコラ哲学者[47]、実念論者[48]、汎神論的諸宗派[49]へと後々まで受け継がれていった。そして、マイスター・エックハルトに至って、第三の、そして最高の峰に達するのである。

44　「実定的なもの」の原文は Positives。もともと「置かれてあるもの」という意味をもっている。

45　Neo-platoniker ネオプラトニズムとは、プラトン哲学を継承しつつ、オリエント諸宗教やキリスト教神秘主義の影響を受け、多分に汎神論的傾きの哲学説を唱えた潮流で、プロティノスを源流とし、ポリフュリオス、プロクロスなどに代表される。

46　Scotus Erigena 810-877 アイルランド出身の神学者・哲学者。古代ギリシア哲学・ネオプラトニズム哲学とキリスト教信仰との結合を図ろうとした。スコラ哲学の先駆者とされる。

47　Scholatiker 中世キリスト教の聖堂・修道院附属の学院や大学の学僧（scholastici）が説いた哲学をスコラ哲学といい、主にアリストテレス哲学に基づきながら、正統神学を哲学的に支える役割を果たした。

48　Realisten プラトンのいうイデアが実在するという考えを継承して、普遍は個物に先立って実在すると主張し、実在するのは個物だけだとする唯名論者（Nominalisten）と長い論争を展開した。エリゲーナやアンセルムスらの学僧たち。

そこから、この系列は、ゆっくりと人目につかないかたちで、しかし忘れられることなく続いていく。ピコ・デラ・ミランドラ、モリーノス、[50]ヤコブ・ベーメ[51]を経て、アンゲルス・シレジウス[52]に達していく。シレジウスは、ゴットフリート・アーノルド[53]が美しく描き出しているように、「その抜きん出た価値をもつ神秘主義神学は、秘教的神学説の集成を繊細で力強い警句のなかにこめてのべている」のである。シレジウスのエックハルトに対する関係は、ジェスイット様式[54]がゴシック様式に対する関係と同じだといえよう。

この系列は、はっきりと見分けのつくかたちで枝分かれして、海を越えてイングランドに渡り、偉大なバークリに達する。バークリは、真のイングランド的知識人として、無力な実証主義を独創的なやりかたで否定して、みずからのもとに統合してしまったのである。さらに、この系列は現代にまで達しているように思われ、この系列を継ぐものとして、ヨハネス・ヴェッデ[55]とか、あるいは特筆すべき人物としてアルフレート・モンベルトが現れているのである。

これらの思想家たちは、みな一つの共通した洞察において一致している。その洞察とは――バークリを代表例としていうなら――感覚と言葉とが誤謬の原理であるとすることにある。なぜ、そのように考えるのかについて、ヨハネス・ヴェッデはこうのべている。「それぞれの既存の宗教的共同体（そして、それぞれの知識体系）と正面から向き合うなら、それらの共同体や体系は、なんらかの概念と概念結合体とを知的に正しいものとして承認することを要求してくる」からだ、というのだ。ところが、一人の人間が、こうした共同体や体系を通じないで、なんらかの一貫した正しいものをつかむことはしないのだ。

これらの思想家たちは、さらに次の点においても一致している。それは、われわれの感覚世界を表象のようなものとみなし、世界を――モンベルトの言葉を借りれば――「表象や記号ではない」世界として作り出そうとすることに対して激しく抗うことである。

さらに、次の点においても一致している。それは、スピノザの汎神論に対してよりも、ありきたりの質料本位の見方からする[56]汎神論に強く反対し、スピリチュアリズムの見方からする汎神論の立場を

49　pansychistischen Sekten 具体的にどのような宗派を指しているのか特定できないが、魂の神との合一を基本として、みずからの心のなかにある霊を通じて神を見いだそうとするベギン派に代表される自由心霊派などがこれにあたるのではないかと思われる。

50　Miguel de Molinos 1628–1696 スペインの神秘思想家。著作『心霊のしるべ』*Guida spirituale* が異端と判定され投獄された。黙想による救済の思想は、キエティスム（静寂主義）に大きな影響をあたえた。

51　Jakob Böhme 1575–1624 ドイツの神秘主義哲学者。靴職人だったが、著作『アウロラ』*Aurora* で一躍注目された。人間は神からのインスピレーションによってのみ対立を統一できると説いた。ヘーゲルやシェリングなど多くの哲学者に影響をあたえた。

52　Angelus Silesius 1624–1677 ドイツ・バロック期の神秘主義詩人。簡素な短詩を集めた『瞑想詩集』で知られている。

53　Gottfried Arnold 1666–1714 ドイツの神学者・歴史家。主著『偏りなき教会と異端の歴史』*Umarteyische Kirchen- und Ketzer- historie*。

54　Jesuitenstil イエズス会によって保護育成された芸術様式で、バロック様式の一種。特に南アメリカの教会建築によく見られ、バロック建築からゴシック建築への過渡形態として位置づけられている。

55　Johannes Wedde 1843–1890 ドイツの詩人・ジャーナリスト。ドイツ社会民主党（SPD）の前身である社会民主労働党（SDAP）の党員だった。

取ることである。この立場からすると、世界（あるいは神）は、外から認識することができるのではなく、内から創造されなければならない、ということになる。すなわち、時間と空間から離れて、神秘的な、口に出してこうだということがほとんどできないような忘我の状態を通じてこそ世界認識と呼べるようなものがかろうじてできるのであって、そうした認識は最終的には物の外、自我感情のなかに見いだされるべきなのだ、というわけである。ここにおいて、世界と自我とは、一つに溶け合うのである。[57]

これら、異端の神秘思想を懐いた懐疑論者たちのなかで最大の人物は、われらがマイスター・エックハルトであった。彼が力強い手段をもっておこなった企ては、のちにスピノザにおいてその跡が継がれた形跡を見いだすことができるものだったし、また五〇〇年後にカント学者でベーメの影響を受けたシェリングが取り組みながら達成できなかったものでもあった。それは、すなわち汎神論と認識論とに調和をもたらす企てだった。

エックハルトは、そのことを意識しており、しばしばのべてもいる。それは、人間は神を、したがってまた世界の意味を認識することができないということ、しかし、神が何ではないか、世界の意味がどういうものではないかは知っているということである。[58]これは彼の深部に永続する認識であり、ここで提起されている無とは、すでにディオニュシオスやスコトゥスがこれとまったく同じように、神とはこうした意味での無であるとしていたものなのである。そして、エックハルトは、ここに示されている不可知にして現実的であるものについて、その属性はすべてわれわれの自我とともに現れ出るものであることを明らかにしているのだ。

エックハルトは、こうした未知なるものは、それ自体として自生するものだと信じ、そこに測りがたいかたちで没入し、しかるのちに、表象を通じ比喩をもって語りうるものなのだ、と考えている。彼にとっては、われわれがみずから魂の体験として見いだしたものは、外に知覚された世界よりもずっと世界の本質に近いところに位置していることは確かだと思われたのである。[59]

しかし、こうした内なる体験は、それがすでに空間を脱したものであるとしても、まだなお時間という形式の内に現れてくるわけだから、エックハルトは、時間を神にもっとも手強く敵対するものだと見なしたのである。時間を無化しなければならない。それによって、外部世界と自我は一つのものとなるであろう。[60]

56　「質料本位の見方からする」の原文は materialistisch だが、これを通例のように「唯物論的」とすると、この訳語の今日の使用法では意味が限定され、ランダウアーの真意を伝えられないと考え、「形相（eidos）よりも質料（hyle）からとらえる見方」という元々の意味を生かして、こう訳した。

57　ヨーロッパ中世の神秘思想家（Mystiker）たちの世界＝自我観はおおむねこのようなものであった。

58　こうした考え――有限の個別者である人間が無限の絶対者である神を認識することはできないが、神という観念をもっているからには神について何らかのことを知っているにちがいない――から、「神は……ではない」という否定の認識を重ねることで神を知ろうとする「否定神学」theologia negativa が成立する。

59　この「すべてわれわれの自我とともに現れ出るものである不可知にして現実的であるもの」こそが「世界の本質に近い」という考え方は、神秘思想家が共通して認めているところであろう。

60　この考え方は、実存の時間性（Zeitlichkeit des Existenz）を問題にし、それを超克したところに（神の代替として）存在（Sein）を見たハイデッガーの存在論につながるものがある。

エックハルトが、こうした内なる体験について深い思索にもとづいて語っている場というものは、およそ言語芸術がなしえたもっとも感動的な場の一つだといってよいであろう。言い表しえないものをめぐって、マイスター・エックハルトのように、かくも美しく、真実をこめて言い表し伝えようとした例はほとんど見当たらないといえよう。

だが、ここで問題にすべきなのは、そのことではない。問題なのは、そのような超自然＝本性的状態、世界と人格とを同時に揚棄し合一化した状態を、われわれがみずからの内に感じ取ることができるかどうか、ということなのである。もしそのような状態に入ることができるならば、そのとき、われわれ自身が外的な現象でもありかつ内的な現象でもあるというだけではなく、真理としての世界とそれとは異なったものである世界とに同時に属しているということもまったく確かだということになるのである。このような関係が成り立ちうる可能性は、あっさりと退けられるものではないということは、たとえ不承不承であったとしても、認めざるをえないであろう。

神秘思想家たちがわれわれに告げていた体験について、その言語表象と否定に対して、単に誤って受容されたものだというだけでは、彼らが何らかの体験をしたという事実、それを別のかたちで言い表すことができないという事実を覆すだけの証明をしたことにはならない。また、たとえばマイスター・エックハルトが時の深みと忘我のなかで体験した歓喜を、心のなかでみずからを内省しつつ読んだ者のことを考えてみて、エックハルトの体験が、その読者がもちあわせている固有の独創性に対して驚嘆をもたらしたとしたら、それをどう認識するのか、という問題がある。その読者が陶酔状態ではないままに、自然な判断ができなくなったのだというだけではまだ反論として不充分だ。また、時間を必要としないものをわれわれは感じ取ることも意識することもできないのだという反論も、何の証明にもならない。

さらにまた、この体験をめぐって問題なのは何よりも感じ取られたものや魂を揺り動かしたものなのであって、そこに介在した物質的なものはさほど重要ではないのである。そもそも「体験」という名辞は、時間を超越したもの、したがって生命的なものに対して当てられた場合には、恐ろしく誤った言葉なのである。そこでは、体験というものが、神秘思想を懐いた者が、夢幻状態のなかで常軌を逸したもの、卓越したもの、感動的なもの、狂喜をもたらすものとしてえたものであるかのように、力をこめてまことしやかに叙述されることになっているわけだが、けっしてそういうものではないのであって、そもそもそれが誤りのもとなのだ。

私は、こうした神秘的なるものを、その場にそのまま成り立っているがままに受け容れて、ただその状態を説明するにあたっては、陶酔状態というものの誤った解釈――言い換えると、それを病的な心身状態としてとらえる解釈――もまったく充分に成り立ちうるという認識を付け加えておくことにしたい。そして、なかでも留意すべきなのは、世界と個人との間を往ったり来たりする交通が、媒介なしに直接、まちがいなく充分におこなわれている場においては、その交通は、その個人の記憶にも、ほかのだれかの記憶にも帰属するものではないということである。ありえないことではあるが、私が神秘思想家であるとしたら、こういうだろう。その交通は、まったく世界がもつ意識に属するものだ、と。そして、そのようなイメージは、哀れな通常者にはけっして体験できないものなのだ、と。もし、そのようなものであるとしたら、そうした事象は、それ固有の圏域をもっているのであって、その圏域に加わっていないかぎり、われわれはその片鱗にすら関わりあうことはないのである。

さらにいうなら、それはわれわれが死に関わりあうことと同じなのである。エピクロス[61]がすでにのべているように、死はわれわれとは無関係であり、さらには誕生以前の、あるいは本来は生殖以前のわれわれの状態とも無関係なのである。だが、もちろん、われわれの幼年時代はまったく重要な問題になる。幼年時代が、われわれの人間としての体験に属することはほとんど否定できないからである。われわれは、記憶と意識で成り立っているのではない。あるいは、同じことだが、われわれの存在は、否定を通じてではなくメタファーを通じて表現されるものなのである。われわれの意識は、すべての残存する痕跡を意識の一部、記憶と呼ばれるものに残していくわけではない。肉体的には、もちろん、われわれがかつて子供だったときのものは、われわれのなかにほとんど残されていない。歯にしてもそうである[62]。

私が前にいったように、学問というものは、存在していないもの、無についての知なのである。このことを、マウトナーが挙げている例によって解説してもらうことにしよう。私がまず想起するのは、慣性の法則あるいはエネルギー保存の法則についてであり、これらの法則についての言説がよくある錯誤として反駁されている。第二に、神秘思想の観点から見た場合にそのなかに底知れない肯定的な意味をはらんでいるとされる無について、私はのべた。そうした無に関与しているのは、いまだに成立しうる比類なきかたちの宗教にちがいなかろう、と私はのべたのだった。[63] こうした宗教とならんで、われわれの世界観を成り立たしめる第三の要素が現れてくる。それは芸術である。

ここで、私は、芸術のもとに、われわれの感覚のメタファーの、そしてわれわれの内的意識のメタファーの象徴的あるいは隠喩的な解釈を見いだし、そこから芸術を理解しようとするのである。芸術は、これまではずっと科学が確実なものを成し遂げると思い込まれていた地点から、そうではない方向へ歩みださなければならなくなったのである。われわれは、世界を言葉と抽象によってわがものにすることはできないと知ってからは、もはや絶対的な真理を探究することはできなくなったのだ。

まさしくその通りなのだが、しかし、われわれは強い力で、いや絶対的真理の探求をあきらめることはできない、という方向にひっぱられていく。そのとき、われわれに意味を把握させようとしている多種多様な表象が一つの統一された世界像を形づくる方向へと、われわれを導いていく力が働いているのであり、それによって、その世界像の象徴的な意味をわれわれに信じさせようとしているのである。

61　Epikur BC 391-271 古代ギリシアの哲学者。人生の目的は快楽にあるとしたが、快楽とは自由で平静な状態だとした。ここでランダウアーが引いているのは「われわれが現にあるときには死はあらず、死が現にあるときにはわれわれはないのだから、死はわれわれとは無関係である」というエピクロスの考え方である。

62　乳歯はすべて永久歯に代わってしまう。

63　ランダウアーが高く評価する中世の神学者ニコラウス・クザーヌスは『学識ある無知について』(De docta ignorante) を著し、いかにして知は無知であるかを説いている。

このような関係のなかにあって、最高の意味において、しかも抗いようのないかたちで世界を象徴してみせるのが芸術にほかならない。われわれが、科学の研究において説得力のある確かなものに出会うところ、たとえばコペルニクス[64]とか、ラプラス[65]とか、ヘルムホルツ[66]とか、ヘルツ[67]とかの研究に接するとき、われわれはそこに、ある隠れた調和か、あるいは得心のゆくようなシンボルが存在しており、そうした調和やシンボルは、すでにどこかで出会ったことのあるメタファーであることを知らされることになるのである。

学問においても、至るところに、象徴的な意味をまとった断片が、まるで撒き散らされたかのように散在しているのが見いだされる。それらの破片は、それぞれ一度は、われわれの抽象的認識の確かな部分になるものなのだ。だが、そうなる前に、というか、そうなりうるように見える前に、科学的研究がもたらしたもろもろの成果に拠って世界像を形づくることのほうがより重要な課題として必要なのだと思われてくるのだ。その結果、非常に旧くからあるメタファーを使うのをやめて、別のものに換えることが求められるのだ。こうして、時間は空間に変換されなければならなかったというわけなのだ[68]。

このことの一つの例として、マウトナー自身が、肉体と魂の対立という旧い観念について論じているところで、ある立場を示しているのだが、そこでマウトナーは、外部世界の微細な運動が、まず神経の運動に変換され、続いて感覚と名づけられるものに変換されるという見方が、何らの困難な問題もなく成り立つと認めているのである。だが、この見解は立場として一貫したものではなく、これと対立する別の重要な見解も採られている。そこでは、鐘の音は鐘そのものにとっては何の運動でもなく、感覚のようなものだろうとのべられている。

私は率直にいって、次のように考えている。一般に、これだと特定はできるものの、はっきりと表現することはできない表象――そうした表象のみが感覚を生じさせるのである。そして、そこには、外部のなんらかの物質的なもの、私の知覚からは独立した実質をもったものがあるのだと考えること、その物あるいは素材的なものの運動が、われわれの内部において心的なものとして知られているものを引き起こすのだと考えること、こうした考えはまったく不合理である[69]。私はそう考えている。

スピノザは、すでに、世界は十全で欠けるところなく物質的に解明されうるし、その際に精神に関

64　Nicolaus Kopernikus 1473–1513 ポーランドの天文学者。いわゆる地動説を唱えて、宇宙のとらえかたに「コペルニクス的転換」をもたらした。

65　Pierre Simon Laplace 1749–1827 フランスの数学者・天文学者。いわゆる星雲説を唱え、ニュートン力学の数学的定式化を通じて、自然界の事象の展開をすべて予め把握できるとする決定論的自然観の基礎を作った。

66　Hermann Helmholtz 1821–1894 ドイツの物理学者・生理学者。エネルギー保存の法則を定式化したことで知られる。

67　Heinrich Rudolph Herz 1857–1894 ドイツの物理学者。電磁波の存在を初めて実験的に確かめ、X線普及の先駆をなしたことで知られる。

68　ここでのべられている〈空間と時間は別個のものではなく、それぞれが四次元の時空の構成部分であって、相互に変換される〉という認識は、相対性理論を思わせる。ただし、ランダウアーのこの著作はアルバート・アインシュタインが特殊相対性理論を発表した一九〇五年の二年前に刊行されている。

69　原文は、「物質的なもの」は Körperliches、「実質をもった」は materiall、「物」は Ding、「素材的なもの」は Stoffelichen。なぜ不合理かは、次にのべられる重要な観点に拠っている。

するものの助けを借りることはまったく必要がない、とのべている。だが、俗流スピノザ主義者たち[70]は、研ぎ澄まされていない濁った眼鏡で見ているので、たいていの場合、それがよくわかっていないのだ。スピノザは、実際にはこう考えていた。外部世界の作用は、感覚器官に伝わる。そして、感覚器官から神経伝達経路へ、神経伝達経路から頭脳へ、おそらくは頭脳のある箇所から別の箇所へ、という具合に伝わっていき、そこで、おそらくはまた、われわれにはまだわかっていないやりかたで、化学的変換をこうむったり、あるいはほどこしたりして、今度は頭脳からまた別の神経伝達経路へと伝わり、外部世界に行為として現れるのだ、と。

このようなかたちで世界を解明することは可能なのだが、しかしこのとき、肉体的なものは肉体的なものを通してのみ説明されうるのであって、われわれの内部にあるよく知られたものが、こうした肉体的なものによって表された世界のメタファーを通じて何か作用を及ぼすと考えるべきではないのだ。それは、いわば肉体的な過程にともなう随伴現象のようなものであって、肉体的な器官と同じような形式で存在するものではまったくないのである。[71]

われわれが「物」とか「物質」とか「外部世界」とかいうものを受け容れてしまったが故に、ここで必然的に、非常に身近でよく知っている内的な事象に対して、「神経」だとか「頭脳」だとか、そのほかいろいろなメタファーを設定しなければならなくなったのだ。そして、そのように事象を設定するならば、内における心の体験を頭脳に起こる事象によって解き明かしてみせることが充分に可能になってしまうのである。

しかし、頭脳に起こる事象が魂の体験の原因であるなどと思い込もうとするなら、それは馬鹿げた考えだと思わざるをえない。スピノザが認識していたように、物質的なものは物質的なものによってのみ説明することができるのだし、それと同じように、精神的なものは精神的なものによってのみ説明することができるのである。この二つの領域を混同するなら、とんでもないメタファーのごたまぜあるいはごまかしをおこなっているとして糾弾されることになるだろう。

われわれの内的体験は、その前提として受け入れるべき世界像を手元にもっているわけではない。私はそう思うのだが、それは人間にとって認めがたいことであるにちがいない。いいだろうか、考えてみたまえ。徹底した唯物論においては、このような事態は受け入れられないだろう。そして、われわれが内的に感じ取ることはしばしば錯覚にすぎないといわれるのだ。いや、けっしてそうではないのだ！

そもそも、「錯覚」というのは、心におけるやっかいな問題なのだ。錯覚といわれるような内的体験は、そもそも存在しなかったものだとまず主張されるにちがいない。たとえば腕が高く上げられた場合、そこにはそう見えることが起こっているだけだ。けれど、身体の内部でそれといくらか似たような出来事が起こった場合、その人自身がこの行為について何かを感じているかといえば、そんなこ

70　原文はSpinozisten で単に「スピノザ主義者」だが、スピノザの真意を理解できないスピノザ主義者という意味で取り上げられているので、「俗流スピノザ主義者」と訳した。
71　ここでのべられているスピノザの考えについては、本書 pp.36–37 ですでにのべられている箇所を参照されたい。

とはないのだ。われわれの内部にあるものが現実にどうなっているのかをわれわれはつかむことができないのだ。

しかし、心に属するものをすべて解明するには、まだ別の途が残されている。そして、その途は実際に適切なものだと思われる。どういうふうに考えるかというと、われわれが外的なものとして知覚するものに対して、内的な心に属するものが意味を付与しているにちがいないと考えるわけである。

われわれは、物質的な世界に対して、それをわれわれの感覚がそれをどう観察すべきか、そのやりかたを覚えた一つのメタファーとしてとらえなければならない。これが第一段階である。それから、続いて、そのメタファーとわれわれの自我の感情とがくいちがわないようにすることができなければならない。これができれば、メタファーは一段階上の第二段階に昇格することになる。ここにおいては、われわれにとっての物質的な外部世界は、もはや単に何かを表す象徴、記号にすぎない。それに対する態度は、われわれの魂の生に対するのと同じだということになる。

マウトナーは、こうした処理を、時間を空間の第四次元に高めるのと同じことだととらえている。こうした把握の背後に挿し込まれているのは、つまるところ、時間は空間が具えている特性の一つだと見なされるという示唆にほかならないことになる。もしそのように時間が空間の特性だということになりうるのであれば、例の徹底した唯物論というのは、むしろ歓迎すべきものだということになるだろう。われわれはむしろそれを必要なものとすることができる。つまり、必要なものとしてしまうことで、その主張の矛盾を論証することになるというわけだ。

しかし、マウトナーがそういうことを試みようとしている、とは思わない。それに、そうした試みは、すでにほとんど充分に克服されてしまっている唯物論的メタファーの時代のほんのわずかな残滓を取り去ろうとするものでしかない、と私には思える。ときおりおこなわれるこの試みは、記憶力というものを、ある意味で客観的な、意識が介在することなく働く、機械のような装置の一部であり、その装置の助走路のようなものだとみなす見方なのである。だが、このように、客観的記憶力なるものの助けを借りて、この問題を解決しようとする試みは、われわれにとっては、語の形式的な意味も比喩的な意味もまったく無視して、語を組み合わせて構成しただけのもののように思われる。それでは、われわれがよく知悉している、われわれ自身が主体として具えている記憶力が否定されることになり、そうしたものがないということになれば、どんなものも解明できるはずがないのである。

心に関わるものが物質に関わるものによって「解明」されうるとするなら、それは、その心に関わるものがその人にとってよく知られたものであって、それ以上何かを前提にする必要がない場合に限った話である。しかし、物質的なものによる心に関わるものの解明には、それにとどまらない意義がある。その解明はすばらしい意義を発揮する。その意義とは、魂に関するものを、深い意味をはらんだ象徴として、客観的に、外へ向かって伝えられるようにし、認識できるようにするという点に存する。

時間は空間の第四の次元であるといわれたことをもって、世界を閉ざしていた扉を破って、世界創造に手をつけることが可能になった――かというと、そうではないのだ。そうではなくて、逆もまた成り立つということなのだ。つまり、時間が空間の特性であるなら、空間はそのなかにあるすべてのものと共にあるわけだから、空間が時間の特性であるとも表現しうるわけである。この時代遅れになったメタファー——特性！[72]——を使って表現するのではなく、さしあたっては否定的な言い方——空間なるものはない——をして、われわれにとってはあくまで空間的だと思われているものを否定するのだ。そして、空間であるように思われているものを時間的なものに変換して、空間のなかで運動しているように見えるものは、時間的事象の質が変化したものだととらえるのである。

　われわれの言語は、もともと、とにもかくにも、ある実質をもったもの[73]であるという異論は、この段階においては、反論としてまったくあたっていない。このような異論をもってわれわれがさらに先に進んでいくのを押しとどめることはできない。異論のほうも、そこから先に進んでいくことはできず、たとえば抽象的概念は、そこに含まれている民間信仰や民間知識とともに働いているのだなどと言うくらいだったら、むしろ何も言わないほうがいいという態度を取るのだ。このように異論を立てたものの、言語が感覚的な性格をもつものだという考えを捨て去ることができないのである[74]。だから、たとえば原子とかエーテル[75]とかいった言葉にしても、具体的なかたちで想像することができないような空間的表象にほかならないのであって、そこには感覚的印象といったものは取り除かれているのである。

　言葉というものを言葉として忠実に理解し、感覚が伝えてくるものを感覚として忠実に理解しようとしているならば、そのかぎりにおいては、また、感覚に含まれているもの[76]、言葉の蔭にあるものから、現実に存在している[77]真理を汲みとろうとしているならば、そのかぎりにおいては、言語はそこからわれわれを連れ出すことはできはしないという異論は正しく、また重要なものとなる。しかし、ここでいわれているような芸術知と意識されたメタファーの段階においては、われわれにとって、すべての言語は、もはやそれ以上は言葉で表せないもの、その意味では実質をもっていないものは象徴で表すしかないのである。言語は、言語の芸術としては、この役割をこれまでずっと果たしてきた。ゲーテを例に取ってみよう。それは、思いがけないところで私の眼を開かせてくれ、絆を差し出してくれるのだ[78]。

底知れぬ岩壁がわが足下で

72　原文は Eigenschaft。個々の事物が具えている特性をもってメタファーとするのでは足りないというわけだ。

73　「ある実質をもった」の原文は materialistisch。形相（eidos）に属するもの——物の形式をなすもの——ではなく質料（hyle）に属するもの——物の実質をなすもの——であるという意味。

74　抽象的概念が抽象的なものとして実質をもったものであるというのではなく、感覚的で具体的なものとともに（それを通して）働いていることをもって実質があるというのでは本質的な反論になっていないということを指摘しているのである。

75　Äether 空間を満たす媒質として存在が想定されていた物質。

76　原文は Sinnlichen。感覚そのものの実質というものを暗示している。

77　原文は positiv。positiv は「置かれている」という原義から「実定的」「確定的」という意味を含む「現実として存在していることが認められる」状態を指す。

78　以下に引用されている詩文は、『ファウスト』第二部の大団円に近い第五場の一節。*Faust*: 11865–11873

深淵に重くのしかかっているように、
無数の細流が輝きながら流れ
泡立ちながらすさまじい滝となって落ちていくように、
みずからを内から力強くつきうごかすものによって
幹がまっすぐに空中に伸びてゆくように、
そうなのだ、全能の愛こそが
すべてを造り、すべてを育むのだ

われわれがこうした概念を伝えるものは、抽象でも外にあるものに対する知覚でもない。言葉や感覚的イメージとしての象徴[79]は何か内的なもののメタファーにすぎない。ゲーテは、われわれにそのことを告げ知らせる術を心得ているのだ。そこで私がいいたいのは、われわれが表象の表現のしかたの助けを借りて、われわれの内にあるものを表現する方法を身につければ、それと同じ程度に、われわれにとって必要とされる統合された世界を形づくることもうまくできるようになる、ということである。そのようにして形づくられた世界は、言葉を遣って心のなかにあるものを描き出してみせた世界であり、確かに外にあるものを表してはいるのだけれど、しかし、その外にあるものの表現は、感覚に含まれているものの表現（といっていいか?[80]）としてしか意識されておらず、また実際に、感覚に含まれるかたちで知覚されたものとは、心のなかにあるものとして意識されるしかないということとなのである。

統合された世界像を形づくろうとする課題は、実質としてあるものを心に生じるものとして描くことである。[81]つまり、実質としてあるもの、外にあるように見えるものは、実際にはメタファーとして、つまり隠喩として描かれたものであり、心に属する事象が感覚的表象として表されたものにほかならないということなのである。もし、これがありうることだとされるなら、外的領域と自我意識との間に相似・類似点が存在しなければならない。それは厳然たる事実なのだ。そして、機械論的科学は、この相似・類似を比較するための第三者[82]にあたるものを充分に身近なところからもたらしてくれる。それは数量である。数量は、空間から時間への、物から心の流れへの、物語言語から音楽への、世界観から世界聴へ[83]の、総じて新しいメタファーへの途になるのである。[84]

バークリにはすでにわかっていたことであるが、われわれが見るすべてのものは、なんらかのかた

79　「感覚的イメージとしての象徴」と訳したのはSinnenbilderだが、ここでは、「実在的関係をとらえた象徴」と対比してそれと区別する意味でいわれているので、こう訳した。
80　原文ではAusgedückt? と？がつけられている。
81　「実質としてあるもの」の原文はMaterielleで質料を指している。「心に生じるもの」の原文はPsychisches。
82　tertium comparationes「比較のための第三者」は、二つのものを比較するための尺度として設定される第三のものを指す。
83　「世界観から世界聴へ」の原文はvon der Weltanschauung zur Weltbehorchung。ここには、視覚的に世界像を描く世界観から、聴覚的に世界を聴き取る世界聴への世界のとらえかたの移行が示唆されている。これはマーシャル・マクルーハンのメディア論『グーテンベルクの銀河系』で提起された視覚的人間の成立と終焉という問題と重なり合う。

ちで心に属するものについて語られたものなのであり、それらを通して疎遠な対象である物質的なもののなかに付与された現実的なもののイメージにすぎないのである。それは、どんなによく認識されたとしても、バークリにとってはキリスト教の言説を汚すものであるのだが、にもかかわらず、それは視覚的な言語をもって明瞭に語りかけてくることは確かなのだ。これとは別個にラザルス・ガイガー[85]が明らかにしたところによると、われわれが世界観を構築するにあたって助けとなった概念のすべては、見ること、すなわち視覚的なものにさかのぼるものだという。

そこで付け加えて、空間について示しておきたいことがある。それは、空間があるという仮定は、眼によるだけでは成り立たないということである。たいていの人が受け入れてくれるだろうが、空間の認知は、眼で見ることと手で触ることとが結びつくところに帰するのではなかろうか。空間があるという仮定に固有に必要なのは、三次元ではなくて、外部にあるもの、物的なもの、持続的にあるもの、これらのものがわれわれに属することなく、われわれに付随するものでもなく、われわれのものでもなく[86]、存在するということである。間隔、距離、分離といったものを、見かけ上充たされていないで空白に見えるものを通して感じ取ることによって、はじめて人は空間や物体といったものを想定することができるのである。

われわれの言語は、事象を名詞として対象的にとらえるものである。それはわれわれの眼そのものが、もともとそのようにとらえるのに適したように、それと似通ったものになっているからである。われわれとわれわれが見るものとの間の距離ということを考えてみよう。われわれが目にするものは、われわれが触れているものではなく、われわれが生きている状態とは別物であり、むしろわれわれとは疎遠なものであって、そこには世界と自我との間に口を開いている溝がつくりだされているのだ。

ここで私がわれわれの「眼」といっているのは、筋肉、視神経、脳作用を含めた視覚装置全体の複合体を意味している。外に出ている眼にとらえられた距離と物とは、それだけではまだ自分のものになっているわけではない。それは視覚イメージをあたえられたわけではなく、まだ光も色も見える形もあたえられていない。それから、眼を閉じたままで、手元にある椅子なり机なりといった物に沿って指先を滑らせていって、それを通じて自分が感じ取ったものをもって、そこには何か硬いものがあると主張するといったことができるわけではない。

私は外部にあるものを何も知ってはいないし、それを受け入れるきっかけをもっているわけでもない。ただ時間のなかで自分自身に起こる変化がわかるだけである。私の指先が妙な変化を感じ取る。私は、ここでは、すでに触覚言語が自分たちの内部から創り出されてあるわけではないのだから、われわれの表現を自由に使おうと思う。それにしたがって、いおう――私の指先は硬さを感じる。そう

84　ここには「外部領域と自我意識との媒介としての数量」というとらえかたにおいて数学基礎論の論点にもつながる数論が提起されている。この問題を、西洋哲学の流れにおいては、少なくとも、ピュタゴラス学派の「万物は数である」という定言にさかのぼって考えてみなければならない。

85　Lazarus Geiger 1829-1870 ドイツの哲学者・文献学者。主著『人間の言語と理性の起源と発展』などで人間の理性の発生と言語が密接に結びついていることを証明しようとした。

86　原文は nicht zu uns gehört, nicht bei uns, nicht unsere ist。所属と付随と所有が対比されている。

感じている間に、それが湾曲していたり滑らかだったりするのを（それは椅子の形や表面なのだ）感じる。それから今度は、妙な変化を感じた以前に感じ取ったものと同じものが感じられ（椅子は終わったのだ）、指はとがったもの（机の角だ）を感じ、次に濡れた冷たいもの（インク壺に指が届いたのだ）を感じる。

いうまでもないことだが、こうした段階づけ、つまり程度や質の違いの受け取り方は、いまだ確たるものではなく、何らかの関心をもっていて、その関心にもとづいて微妙な違いに注意を払うような場合にかぎって、細やかで特殊なものとして表現されているのだというふうに考えられる。だが、いずれにしても、私は、触覚を使って外部がどうなっているのか、いろいろ思いをめぐらせようとは、まったく思わない。そこにおいては、ただ、私のそばに、私に接して、私のもとに[87]、何か私に関係するものが存在していることを感じるだけだ。

私は、私とともに時間が持続をもって進んでいるのを感じる。だから、私が手探りで探っているすべては、時間的に質を異にしているのだけれど、そこには時間に関するものは何も現れていない。すでにのべたように、時間と自我感情とを度外視することはできないのだが、それにもかかわらず、肉体的なものの解明を精神的なものを通じておこなうために必要な判断を触覚においておこなうことは充分にできるのだ。

空間はあたえられていない。そして、それにもかかわらず、温度感覚、痛覚、そのほか触覚の変種の感覚をもって、判断を下すことは可能なのだ。それから、聴覚、臭覚、味覚、さらにはわれわれが身体的に感じ取るすべてのものによって、それは可能になるのだ。なかでも、視覚をもって見て説明することができるなら、その場の出来事をとらえることができる。また視覚をもって見るならば、時間の変化もわかる。

われわれが眼をもっていなかったなら、世界と自分との間の区別も生じなかったであろうし、人間が、ここにあるこの肉体が確かに私というものであって、その私というものは、この本にも、この机にも、この女性にも帰することができないといった不条理な観念を懐くこともなかったであろう。[88]

そして、眼が生まれたときには、遠くから視界に入ってくる目新しいものに眼を閉ざすことなく、まるで電線なしで通じる電信電話装置が自由に使えるようになったかのように、「自分はなんて大きく成長したんだろう！」と叫ぶことだろう。「新しい、なんと奇妙に鮮明な感覚をもたらす言語が、ひとときに大きく開けたことか！　暗闇のなかにいたときには、こんなことは予想だにしなかった！」と。

いや、そうではない。まったく何もいうことはないのだ。ただ見て、その新しい言語を感じ取るだけなのだ。それは、いままで出会ったことのない、自分にとってまったく見知らぬものだったからだ。電気が光を自分のものとして感じたようなものだったのだ。

87　原文は bei mir, an mir, zu mir。付随と接触と関係が対比されている。
88　ここでランダウアーは、人間の視覚にもとづく悟性を区別の条理と不条理という両面から見ている。

だが、いまや、そこには一つの空虚が大きく口を開けている。その後ろは広々と開けていて、その私ではない場所に、物があるのだ。この空虚なる無が空間なのである。

偉大な思想家がかつてのべたところによると[89]、空間と時間はわれわれに固有の直観形式である。われわれは、このことをただ受け入れて、問わないで済ましてしまって、そのまま出発していくことはできない。そうしないで、この言説の二つの要素――空間と時間――をたがいに分離するなら、事は別の様相を呈していくだろう。

時間は、単にわれわれの直観の形式であるだけでなく、われわれの自我意識の形式であり、したがってわれわれにとって現実のものであるとともに、われわれがみずからの内から形づくっていかなければならない世界像にとっても現実的なものである。時間は現実のものなのである。それはまさしく時間が、「下に置かれているもの」として主体的なものだからである[90]。

しかし、空間は一つの直観形式であり、われわれの主体性が空間を必要とするのは、われわれに固有なものを解釈するためではなくて、依然としてわれわれとは疎遠なかたちで存続しているものを意味づけるためなのである。空間は現実のものではない。空間は、外見と実体が異なり、実体は主体的なのに、外見においては客体的なのである。空間的なものとか物体的なものとかいうものが存在するのではないという発見は、われわれが血と肉でできていることを無視しなければならないということに等しいような、コペルニクス的発見に似たものだと思われよう。

われわれは、われわれにとって疎遠なものをわれわれにとって固有なものに換え、空間を時間に換えなければならないのだ。外にある物の広がりは、われわれにとっては、われわれの自我意識の強さにとっての一つの像にならなければならないのだ。私というのは、この頭脳のこと、この有機体のことであるだけでなく、またその私は私が注意を向ける対象でもあるのだ。これは私に対する祝福とか私の恍惚感とかのためではない。なぜなら、世界というのは、私が世界であるという見地に立ったとき、ほんとうのところを見れば、もっと美しいものでも、もっと気高いものでもありはしないからだ（それを美しいとか気高いとか思ってしまうのは唯心論の坊主どもだ）。そうではなくて、それは私にとって唯一にして、しかも存在することが可能だと思われる真理の象徴のためなのだ。

当然のことながら、ここで私は、民間信仰に属しているような魂とか自我とかいったようなものの考え方を問題にしているのではない。そのような考え方は、私たちが無限に多様な質や時間の集中性にごくわずかにしか注意を向けていないときに、そして新しい言語をまだ獲得していないときに、ありあわせのものとして間に合わせに使われているにすぎない。

われわれが、さまざまな特性をもった物を、外部世界において不変なものの周囲を取り巻いている大量にまとまった多数のもの[91]としてとらえたように、われわれ一人ひとりの生もまた、さまざまな個

89　カントを念頭に置いていると考えられる。
90　「主体的」の原文は subjektiv。いまの日本の一般的な哲学のタームでは subjektiv は「主体的」か「主観的」としか訳せないが、それでは充分ではなく、ほんとうは、ここは「主体的」という訳では意をつくせない。原意の「下に置かれたもの」に帰ってとらえる必要がある。「訳者解説」の「主客分離に先行する原受動的主体」の項（pp.279-282）を参照。

性をもちつつ、大量にまとまった多数のものに取り巻かれて、われわれの前に現れてくる。そのさまざまな個性は、流動性に抗いながら確固としているように思われる人格の核、あるいは人格を超えたものの核、記憶の核、あるいは記憶を超えたものの核に類別される（このとき、人格と記憶はいわゆる人間の意識に、人格を超えたものと記憶を超えたものは人間の下意識あるいはまったくの無意識と呼ばれるものにあたる）。

このもろもろの人格が多数なまま一つにまとまったものに対して、カントは大胆なとらえかたで神秘的表象を見いだした。

弾力のある球体が、同じ球体にまっすぐな方向で突き当たると、（空間における位置を見るかぎり）この運動全体、ひいてはこの状態全体が伝えられることになる。物質的実体と身体的実体との類比を受け入れるなら、意識をもった物質としての身体というものが、弾力のある球体と同じように、ずらっと列をなしているのを想定することができよう。そのとき、それらが、その列を通じて、最初の身体の状態が、その意識を含めて、次の身体に伝えられ、その第二の身体固有の状態が、すぐ前の第一のものがもっていた実体を含めて、次の第三の身体に伝えられるというようにして、それより前すべての状態が、それぞれ固有の意識を含めて、伝えられていくのである。したがって、最後に位置する実体は、それよりも前に位置していた、それぞれ異なる実体すべての状態を引き継いだかたちで、その固有の意識のありようを定められていくのである。なぜなら、それぞれの身体的実体が、それ自体のなかに転写されている意識をかき集めたものなのであり、それらすべての状態が同一の人格として結実していると判断されるからなのである。

この見解は、一個人の内部にある個々別々の個性的なもの相互の関係に遺伝の法則を適用して理解しようとしたものである。同時に、自我が世界の一片へと統合されていく、その統合のありかたをもっと広げていく方向へといざなおうとしているのである。その自我が制御システムに統べられている無数の個人（細胞）の集合に統合されていくのならば、私が自分の口と肺をもってみずからの内に取り入れている世界の断片のみが自分に属していて、世界のほかの部分とはうまく関係が結べないのは何故なのかわからないということになる。

われわれが最初の部分（世界でもある個人）のなかに、われわれの内にある太古がすべて現前して生きているのを見たなら、そのとき、われわれは、その最初の部分だけではなく、過去の部分それぞれを取り巻いていた世界がわれわれのなかに組み入れられ、それと精神を同じくし、神を同じくしていることを知るのである。この無限なるもの、いつ始まったかわからない時間の始まりから、いつ来るかわからない時間の終わりまでの無限の時間、そして空間の広がり全体――それはまた時間でもあ

91　「大量にまとまった多数のもの」の原文は Vielheit。多数性と訳されている場合が多いが、わかりにくいので、意味を取ってこう訳した。

る――、そうした無限の空間、こうした無限なるものを一つの洞察のなかに包み込んで考察しうる者は、一つの不動な空間的モメント、あるいは永遠なる時間的モメント、あるいは閃光のようにひらめいてはまた消え去っていく感覚、そうしたものを思い浮かべることができる者なのだ。

だが、確かにそうではあるのだけれど、同時に、世界に魂を吹き込んで世界とみずからを一体化しようとしたり、道徳を高めるもの、徳性を高めるものと、こうした「一元論」を結びつけようとしたりする試みが、実際には向こう見ずで無意味なものであることもわかっているのだ。だから、一瞬のうちにコスモス全体がみずからの上を掠め過ぎていくのを悟った者は、「それでは、すべては何のためにあるのだ?」などと問う必要はないのだ。なぜなら、そこでそのとき、その問いを投げかけられているのは人間にすぎないからである。

おそらく、こう夢想することはありうるだろう。世界は始めから終わりまで定められたように進行しているのではまったくなくて、原因(Causa)は作用しておらず、目的(Telos)は無限なるものの始めにおいては働いていないのに、終わりにおいては無限なるもののなかから生まれてくるのだ、と。

だが、そうすると、ふたたび問わなければならなくなる。それでは、終わりはどうなるのか? どんな目的でそうなるのか? と。長きにわたって、われわれは、この全体の目的は何なのかということについて、納得のゆく回答をえられないできた――そして、回答をえられぬまま、何も起ころうとしていない――のであり、だからこそ、長きにわたって、先にのべたような夢想を懐きつづけてこなければならなかったのである。

私は、その一方で、そんなふうな考えはまったく役に立つものではないと信じている。われわれにとって有益なもの、われわれにとっての道徳とは、ごく些細な日常茶飯事の範囲に限られているのであって――だから、倫理にうるさい俗物も超人[92]も、どちらもコスモスの目的たりえないのである。世界というものは、心の制御システムが無限に複雑に交差したものとしてとらえられる。この恐るべき複雑さを生んだ原因を定めることはまったくできない。したがって、すべての世界観はあまりにも貧弱なものに見えてくる。なぜなら、これらの世界観は、つねに抽象の助けを借りて道徳的な高さを保ってきたものにすぎず、世界に対してありとあらゆる皮相な図式を適用することを追求してきたのであって、いまやそうした試みはすっかり色褪せたものになってしまっているのだ。

そうした試みの方法自体は単純なものではないが、その細部をたどって復元すべき理由はない。その細部を明らかにするには、あまりにも深く、自然諸科学、特に物理学に立ち入っていかねばならず、それらの学問が調達してきたさまざまな象徴を象徴として解釈しなければならないのだ。では、精神諸科学のほうはどうかといえば、それは長きにわたって、こうした自然諸科学がつくりだしてきたみすぼらしい虚飾の空虚さに正面から立ち向かうことを避けてきたのである。

自然科学においては、千年来、光・色・温度・電気といった生理学的・化学的事象すべてについて、

92　Übermensch。ニーチェは、人間自身がみずからを克服し人間の限界を超えて到達しようとしている解放された存在をこう呼んだ。

それを物理学に還元して解明すべく苦心が重ねられてきた。どういうことかというと、つまり、微小な物質構成体の運動を解明しようとしてきたのだが、その微小構成体というのは、本来もはやこれ以上細分化されない最小単位であり、それ自体としては物質的なものとは言い難いものなのであった。

この一様に単一なるものの運動にすべてが還元されようとした。そもそも、この単一なるものの唯一の特性が運動にほかならなかったのである。なぜそうしようとしたのか、なぜそうではなくて、疑いなくうまくやってみることができる方法、たとえば温度を使ってすべての運動を表現したり、あるいはそのほかのすべての物が具えている感覚で測れる特定のエネルギーを基準にしようとしたりしなかったのか、その理由は解明されようとはしていない。

だが、そうしようとしたのにはある隠された根拠があることは明白だと思われる。その根拠とは——世界のなかからまずある質を取り出して、その質を量に変換してしまうことを企てる必要があった、という点にある。それによって、その一次的な質によって構成されている二次的な質の特性は一次的な質の特性に還元されてしまわなければならないのである。

すでにカントは、つねに経験的な地平にとどまろうとしながら、にもかかわらず研究の端緒において「形而上学的仮定」を設けるという物理学者たちのやりくちを嘲笑うかのように、これではまるで空間のなかにある実在はその広がりの大きさだけでおのずから区別できるかのようではないか、と指摘している。

まさしくそうである。物理学者たちは、世界を魂のない、色もなく匂いもなければ音もないものにつくりあげるために努力を傾けているのであり、いずれにせよ、こうしたやりかたを通して、世界は味も素っ気もないものにされてしまったのである。錯綜した全体を感覚にしたがって明確に分けるにあたっての基準としては、このようにして、世界を一定の数比によって言い表すしかなくなったのであり、その個々の部分の名称など何の役割も果たさないこととなったのである。

物理学者たちは、世界を数量にもとづいてとらえられるものにした。そして、その世界がそれほど広くない場合には、それは確かに最善の方法なのである。[93] しかしながら、そのときの数量というのは、単に空間の基準であるだけでなく、時間の基準でもある。抽象的に見られた運動を表すものであるだけでなく、われわれの感覚エネルギーの強さを表すものでもある。物質的な外部に関わるものであるだけでなく、心的な内部に関わるものでもある。

世界像をつくりあげようとしている者たちにとっての課題は、どこにあるのか。それは、機械論的科学の成果の助けを借りながら、感覚エネルギーの強さと心的なものの流れのシステムとの間の正しい数比を見いだすことにあるのではないか、と思う。物体性、因果性、質料《マテリア》（Materie）が支配して

93　Zahlenverhältnis すなわち数比とは、数的比率のことで、対象を数量として見たときの比率のことである。「世界を一定の数比によって表す」とは、たとえばニュートンの運動法則すなわち「物体の加速度は、物体に加えた力に比例し、物体の質量に反比例する」においては、力は物体の質量と加速度との比例によってのみ規定されることになる。また、質量は物体の重量ではなく、加速されやすさ・されにくさを表す比例なのだ。このような世界のとらえかたのことである。そして、それが「最善の方法」であるのは、自然（Natur）あるいは宇宙（Kosmos）の秩序が一定の圏内（数学でいえばガロアの「群」の内）においては一定の数比に従って成り立っているとみなせるからである。

いる場所に、それらに代えて、感覚エネルギーの強さ、流体性、魂《プシケー》（Psyche）が来るのである。空間の代わりに時間を立てるのである。

空間でとらえられた量というのは、時間の無限に多様な質を数比のかたちで比喩として表したものにすぎない。だから、存在は生成に変換されなければならないのだ。ニーチェが『力への意志』でのべているとおりである。そこに展開されているニーチェの思想は、いまここでのべた説明と多くの共通点をもっている。しかし、ここで誤解を恐れずあえて言及しておくなら、この「力への意志」と題された遺稿が公刊される以前には、このことはあまり書かれておらず、ここに至って、これまでとはまったく違ったものが出てきて、まるでそれまでの著作では体系的なモラリストのようだったものが、それとはまったく違うものによって仕上げられたかのような観を呈している。[94]

ショーペンハウアーは、音楽は新たな意味においてもう一つの世界であるという洞察をえた。それは、音楽として響きわたる数比の助けを借りて、世界の像を心の像としてあたえて、心の強度の領域を表現しうる言語を創造しようという世界内面化の企てであり、そういうかたちをとった美的探求の成果の一つなのである。

眼、そこに働く空間感覚は、われわれを広がりというものの抽象化に導いていった。そして、それを通じて、みずからの内部を空間形式のもとにもたらしていくのではなくて、むしろ聴覚、時間感覚、夢想＝音響像をあたえられていくにつれて、それによって、外部世界として映じる象徴を時間的な推移へと変換しているのだということに気づく。

われわれが、空間と物質を時間における強い凝集の結果生ずる事象[95]としてとらえ、従来の感覚の錯覚を改めなければならないと考えるようになるならば、われわれの内的な現存在[96]とわれわれを取り巻く外部世界をこれまで隔てていた深淵を埋めなければならないということになる。そこで、われわれは、みずからの内面的な生を謎として、空間世界を幽霊のごときものとして観るのをやめる。内面的生と外面的空間世界は、多種多様なものを内に含んだ、無限な魂の流れに吸収されて一つになる。そして、その魂の流れの神秘に充ち、陰翳に充ち、もつれからまりあった全体を、みずからの感覚によるメタファーの助けを借りながら、なおも探究しつづけてゆかなければならないのだ。

われわれにとって固有なものの向こう側にある真理は、われわれには関わりがない。そうした真理を認識することはわれわれにはできないことがわかっているからだ。これまでわれわれが外部世界として存在させていた、われわれにとって疎遠なものは、われわれ自身のものへと変換されなければならないのである。

94　ニーチェが残した膨大な遺稿を『力への意志』に編集したのは実妹フェルスター・ニーチェらであり、ここでランダウアーが疑念を呈している問題も含めて、その恣意的な編集によってニーチェの真意が歪められたと指摘する研究者も少なくない。

95　「時間における強い凝集の結果生ずる事象」の原文は intensive Vorgänge in der Zeit。簡単にいうと、時間がギュッと縮減されて集中した濃密なものになったものが空間であり、物質であるということ。

96　「内的な現存在」の原文は inneres Dasein。Dasein は「そこにあるもの」という意味だが、その Da「そこ」は、空間的な意味ではなく、実存や実生活において「実際に生きている」場（Feld）を指している。

われわれがこうした方向に進んできたのは、おそらく、われわれが感覚の集中を研ぎ澄まし磨き上げることを通じて、今日ではいまだおぼろげにも知られていない新たな感覚、新たな表象に到達したためであろう。人間の内に広がる世界がおのずから見いだした生を表す表象、言い換えれば、そうした生の現存在、それがもつ外部の物に対する知覚、相互作用、対抗交渉、感応、そして思慮の夢想、狂想、愛、思索や決断を表す表象——そのような、内的なものとしてあるすべてのもの、それらについては、次のようにいうことができるだろう。

われわれの現存在は、すべて瞬間のもろもろの点の集合[97]によって構成されている。その点は、空間の点でも原子でもなく、感覚の点であり、その一つの点がすぐ別の場所を占め、それを次々にくりかえしていくのである。しかし、それは、それぞれの点がすぐに消えて、同じようなものがまた来て、といったかたちで起こるのではない。それでは、みずから随意に像を思い描くという意味での表象にはならない。そういうかたちで起こるものは表象とはいえないのだ。

それぞれの感覚点は、正確にいえば、点というよりは、自然に鳴り響いては鳴り静まる、幅のあるもので、最初は微かに起こり消え去ってゆく時間的継起をもつ持続というかたちを取って現実に現れてくる。[98]その持続は、記憶とか自己意識（ラテン語でいう consientia sui）とかいう言葉——これらの言葉がほかの意味に誤解されて受け取られないかぎりは——を遣って呼んでもさしつかえないだろう。

人は、なんらかの精神的な事柄について、あるいはみずからの体験についてじっくりと自省するときにのみ、それをありありと思い浮かべることができる。それは、ちょうど、突風が顔を直撃して吹きつけてくるときにこそ、自分が空気に顔をさらしていることがはっきりとわかるというのと似ている。人がそのとき対面して立っているものこそが、一般に空気と呼ばれているものなのだ。それと同じように、いまここで、ありありと思い浮かべながら対しているもの、このすでに消え去ってしまって、かぎりなく希薄になってしまっているものでありながら、ひとまとまりになって自分を包みこみつづけているもの[99]、これこそがこれまで生きてきた生すべてなのである。

そこにこそ、瞬間というものの運動と振動があるのだ。その動きと震えは、自分に突きかかってくる次の直撃が新たにこちらにやってくるときには、まだそこに残っているのだ。そして、第三の直撃がやってくるとき、その前の動きと震えはまだそこにまったくはっきりとあり、最初の直撃は痕跡を薄れさせている。第四の直撃がやってくるときには、第三の動きと震えはまだ確かなものとしてあるが、第二の直撃は消えつつあり、最初の直撃はまったく微かな口ではいえないほど淡いものになってしまって、雲のひとひらのように消え去りつつある。さらに、そこにもうすでに第五の直撃がやってきつつあり、そこでは第四のは生きているけれど、第三のは生きたまま溶けてしまいつつあり、第二のは生の微風となり、最初の直撃はその個人を通り過ぎて万人共通の生の領域へ[100]と移行してしまっているのである。そして、その万人共通の生の領域へと突風のような直撃が吹き込んでくるのである。

97　「瞬間のもろもろの点の集合」と訳したのは Momentpunkten。直訳すれば「諸瞬間点」。
98　この状態は、シュレディンガーが記述した量子状態、いわゆるシュレディンガー描像を連想させる。
99　「ひとまとまりになって包みこみつづけているもの」と訳したのは、Einheit und Atmosphäre。

この突風のような直撃がどういうものであるかというと、今度は、自分を通り抜けてゆくパイプオルガンの音楽に喩えて考えてみることにしよう。われわれは、パイプオルガンから生まれては徐々に消えてゆく音の調べを聴いている。その音は、次の音が大きく響きながら足速に近づいてくるときには、まだそこにある。このように、新たな音がすみやかに来たり、旧き音はゆっくりと去ってゆくという連鎖が、次から次へと果てしなく絶え間なくくりかえされてゆくにつれて、コンチェルトが構成されてゆくのだ。

しかし、そのコンチェルトというのは、もっともっとはるかに多様性に富んだものなのである。というのは、それぞれの音がそれに先行していた音から力を奪い、旧き音がゆっくりと向こうの闇に押し沈められていき、それとともに、とっくに葬られ埋められてしまったかに見えた多くのさらに旧き音たちが、続いてやってきた音から霊的生命を借り受けて、そこに新たな息吹が吹きこまれてゆくのだ。

こうして、すべての感覚点（Gefühlspunkt）は永遠に生きており、永遠に回帰してくるのであり、遠き鐘の響きのように永遠に鳴りつづけているのである。しかし、いまや忘れられてしまい、ただただ従順と感傷に包まれて風のなかに吊るされているのである。

風は猛り狂ったように吹き、愛と至福の鐘、情熱と沈思の鐘は轟然と鳴り響きながら、銀色に光っている。そして、それとともに、旧き熱狂がすべて息を吹き返し、つないだ綱を力づくで引き、風は憧憬に駆られて吹きまくる。孤独感が物心ついたころの幼年時代からよみがえってきて、胸のなかで鳴り響き、それに続いて、自分の胸の内だけに秘めていたさまざまな心情が、揺り動かされて鳴り響く。と同時に、もろもろの分別を含んだ思慮も目を醒まし、胸のなかの響きの合間に呼び声を上げる。なんと壮大に、果てることなく、世界全体に広がってゆくシンフォニーであろうか！　そして、にもかかわらず、それが稀に見る強さになるには、すでに病的でさえあるような、あるいは天才的であるような力によって高められていた体験が必要とされるのであって、その体験とともに生全体が荒々しくたがいに入り乱れながら一体化しつつ、墓穴と深淵からこちらに歩み出てこなければならないのだ。

だが、その一方で、われわれが住み慣れた生の軌道には、しかるべき平穏さを具えた明瞭な体験があって、次の瞬間には深いところに埋葬されたまま等閑に付されていたものが地下からこちらに起ち上がってくることを意識しないでいるかぎりは、われわれはその軌道から外れることはないのだ。さて、これまで語ってきたことから、あたかも人間は無に等しい、孤独で憂慮に苛まれ感傷に浸っている存在で、そこには観念連合[101]や記憶といったものが幽霊のように出没するだけだ、といっているかのように思われたかもしれない。しかし、私というものがそのままですでに世界であるとするなら、そしてその世界は数限りないさまざまな世界と反世界から成っているとするなら、そしてそれぞれの

100　「万人共通の生の領域へ」と訳したのは ins Algemeine des Lebens。
101　Ideenassoiation　ある観念を知覚すると、それにともなって別の観念が連想されるということが重なっていくと、そこに一つのまとまりをもった思考内容が形づくられる。これを観念連合という。

個人の内部世界は、消え去ろうとしている新たな世界をつねに内に向かって呼び出しているのだとするなら、そこにおいては、そうした内なる世界に対して外なる世界が存在しているのであって、そうした外部世界は、私の器官、私の感覚を通じて、私と結びついているのである。この外部世界と内部世界の結びつきは、まるで兄弟姉妹か夫婦の結びつきのようで、私が新たなものをつくれば、外にも新たなものがつくられ、私が変われば外も変わり、新しい世界が獲得され創造されれば、旧い世界もまた呼び寄せられようとするのである。[102]

そして、とても大きく、ずっとずっと遠くにあり、たえず遠ざかっていきつつある、測り知れぬほど大いなるものは、それほどまでに大きくありながら、きわめて繊細で、たえず細やかになっていきつつあるものなのである。それは、人の子[103]がいと小さきもの[104]と呼んでいるものなのだ。そしてまた、もろもろの感覚点は、私の内なる感覚にとって最後にしてもっとも遠きものとして表象されるのであるが、そうした感覚点は、私にあたえられた大いなるもの、ほかのそのような大いなるものとともに私と一体になった大いなるものではない。それは、それ自体の内で、またそれ自体において、永遠なものから構成された世界全体なのである。

われわれが理解しなければならないのは、私というものが外的なものと内的なものとに分割可能だということは、無限なるものにおいてもあてはまるということだ。だから、われわれは肉体的なものについては原子に拠って、内なる世界については感覚点に拠って語らなければならないのである。そうしないと、注意が散漫になり観察がついていけなくなってしまう。また、われわれの一回限りの体験を他者に対して語り表現し反復するためには、そうしなければならないのだ。一般にわれわれが時間を通して世界認識をおこなうためには、空間を通して世界認識をおこなう際に設定される運動と方向と交点、そして物と点に代わるものを設定しなければならないのである。

なぜこのような置き換えが必要なのか。それは、事がここまで至っては、われわれはもはや精神世界について、単純で無邪気な表現をもって語ってはならないと思うからだ――単純なものはすべて偽りなのであり、「単純さは真理の印である」という言葉[105]はもちろんのこと圧倒的に単純である――。実際にいまだに、前進、進行、流れ等々の色褪せた漠然とした言い回しが使われているのが現状だ。そうしたなかにあって、われわれは、無限に錯綜したものに明確なイメージをあたえられるようになるために、空間を表現する言語や感覚に関するイメージの助けを借りて、感覚点について語らなければならないのである。そのようにして、いわば人間海の波立ちというべきものに表現をあたえ、それ

102　イエスがペテロにいった言葉が思い浮かぶ。「わたしはあなたに天の国の鍵を授ける。あなたが地上でつなぐことは、天上でもつながれる。あなたが地上で解くことは、天上でも解かれる。」（マタイによる福音書 16–19）

103　原文は Menschenkinder。人の子。神の子としての人間という意味がある。また神の子としてのイエス＝キリストを指すこともある。

104　イエスの言葉「わたしの兄弟であるこの最も小さい者の一人にしたのは、わたしにしてくれたことなのである。」（マタイによる福音書 25-40）の「小さい者」にあたる。

105　原文は Simplex sigillium veri。18世紀前半に活躍したオランダのフマニストのヘルマン・ベールハーフェがモットーにした言葉。フマニストは一般に真理は単純明快なものだと考える傾向があった。

を解明できるようにしたいのだ。

感覚における一つのモメントとして、それを表すものをもつことができる者はだれなのか。もろもろの世界の無限性というのは、どのような意味において、もろもろの無限性の無限性であるのか。そして、その無限性の無限性なるものに近づいていって、それを概念的に把握しうるかのように感じ取ることが、当たり前に考えれば、もともといかに奇妙なことであるかに、だれが気づいているだろうか。なぜ、すべてがたがいに変に疎遠な関係にとどまりつづけていなければならないのだろうか。この無限の世界のどこから、この無限で、測り知れないような、けっして架橋できない割れ目が生じているのだろうか。どうして、世界である私が一人の私として存在しないで、こんなにも途方もなく、ぞっとするような多数になってしまっているのだろうか。

全世界を浄める一元論の聖水盤、それには今日、浅い小さな流れがすべて流れ込むようになっている。この水盤についてはいうまでもないだろうが、それだけでなく、一神教の偉大なシンボル、たとえばプラトンやマイスター・エックハルトが形づくった、世界が惨禍と破局に瀕しようとしていることを表すシンボルが、多神教の最新の形成物であるかのように見なされるようになってきているのだ。

また、あえて次のようにいうことができよう。根源的なもの、すなわち、およそ原初的だとか始原的だとかいわれているもの[106]は、すべて始まりではなく、最新のもの、頂点にあるものなのだ。そして、それらのものの起源は、たいていの場合、わかっていないのである。また、世界というものは存在者すなわち存在するものではない[107]。存在者というのは、さまざまに多彩な輝きにすぎず、それは生がみずからの背後に置いているものにすぎないのだ。世界は、そうした意味での存在者ではなくて、生成者すなわち生成するものなのである。

その生成のありかたは、生成の目標にも生成の途上にも見いだすことはできず、そのおのずからなる自己形成、すなわちおたがいの間の愛憎、そしてあらゆる絆をよそに、大理石のごとき硬さに凝り固められていった、その自己形成にこそあったのである。それは多神教が懐く大いなる世界の表象を表現しているもののように思われる。それは確かに、われわれのまったく感傷的で抑制された時代がすっかり遠ざけてしまったものである。そこでは、すべてのものがたがいにくっつきあい、織り合わせられて、その結果、私というものは文字通り世界全体となっているのだ。世界全体において、埋められない所、空虚な所はまったくどこにもなく、我はつねに我であり、けっして汝ではないし、汝はただの同胞であり、それはまた水晶であり棕櫚の葉[108]であり、星空であるのだ。

私が君に対して親しく君と呼びかけようと、彼に対して、あるいは貴殿と呼ぶべき人に対して同じように君と呼びかけようとも、その相手はつねに他人にすぎないのであって、したがってその関係は

106　「根源的」「原初的」「始元的」と訳したのは、それぞれ ursprunglich, elementar, primitiv。

107　存在者（Seiendes）はそれぞれの存在するものがほかの存在するものと区別される個別的なものの集まりである。それに対して、世界（Welt）はそうした個別のものの集積ではなく、それらを包む包括者（Umgreifende）である。したがって、世界は存在者の集合に還元するとはできない。その違いのことをいっている。

108　原文は Palme。勝利の栄冠をも意味する。

よそよそしいものなのである。どうしてそういうことになるかというと、いずれの場合にも、相手を私自身として、私と同じ者として、私のなかに迎え入れることができるのに、そうしていないからだ。

私がこれまでのべてきたことを通じて示すことができたイメージは不充分なものではあるが、それでも、そこから以下のような問いが立てられるのはなぜか、理解していただけるのではなかろうか。なぜ、音楽こそが人間の言語として最高のものなのか。なぜ、音楽は、われわれ固有のありかたを、そしてまたそれを通じて世界の内奥を、その最深部において開き示すことができるのか。

これらの問いが立てられたところには、第九交響曲をさかさまに作曲する者[109]が現れるだろう。そこでは、まず話し言葉で歌われることで内容の理解がもたらされ、そのあとに、そうした言葉の歌唱をのりこえて、もろもろの楽器が、それらが発する驚くべき言語、はっきりとした言語になりきらない言語をもって、それまでの理解によってつかまれたものすべてをのりこえてゆくのである。そして、そのなかに、咽び泣き、喝采の歓声、呼びかけの叫びが混じってくる。汝ら、友よ、この音にあらずや！　と。

いまや、言葉とイメージには音響とメロディとハーモニーが注ぎ込まれ、とりわけ決然とした闘争の劇的緊張によってそれがクライマックスに高められ、音と世界とが一体になって、音楽のなかに自己を発見してゆくのである。

109　ベートーヴェンの第九交響曲は、器楽の演奏ののちに、歓喜の歌の合唱でクライマックスに達するが、逆に言葉による合唱から始まって、音による器楽でクライマックスに達する楽曲のことをいっている。

III　道具としての言語
――マウトナーの言語批判論第三部をめぐって

自然は無限である。
だが、そこにある象徴に注意を払う者は、
あらゆることを理解するだろう。
完全な理解にまでは達しえないけれど。

ゲーテによる[110]

マウトナーの前には選択があった。彼は、自分が懐いている静謐ではあるが同時に大胆な夢想を実現することを渇望していた。その夢とは、彼が大事だと考えている行為を、言葉をもってではなく、握り拳[111]をもっておこなうことであった。その行為とは、言語を抹殺し、精神を死に至らしめ、言葉では言い表せないものを思考の牢獄から解放することであった。

彼の前には選択があった。彼は、この憧憬、この予兆、この新しきものを詩的に形象化し、メタファーを用いてパラフレーズし、造形することをめざして努力したのであった。だが、彼はそれを成し遂げることができなかった。

彼は、さらには、自分の思想を二〇〇頁の、あるいは五〇〇頁の紙幅に、美しく手際よく区分された体系的構成をもって収めようとした。それだけでは満足しなかった。マウトナーが実際におこなおうとしたことは、私の受け取り方によれば、一つの新しい学問の創設だったのである。

だが、ここでマウトナーの「体系」について一言しておかなければならない。というのは、私はかねがね、マウトナーの体系についていろいろと語られるのを聞いてきたが、そこにおいていわれていたことは通常の体系という意味ではまったくのまちがいである。というのは、読者にとっては――「マウトナーの読者」にとっては、ということだが――そこにおいていわれている「体系」が、結局のところ、「思想体系」ないし「言葉の体系」という意味で語られているということを考えてみるだけで、それが誤りであることがはっきりするだろう。

世界というものが思想の表現であり、しかもたいていの場合は道徳の表現であるということをだれ

110　ゲーテの著作からの引用としてラテン語で記されているこの言葉は、一七世紀イタリアのユートピア思想家トマソ・カンパネッラの『諸物の感覚及び魔術』（*De sensu rerum magia*）の一節である。

111　原文は Faust だから、握り拳という意味とともに、ゲーテの『ファウスト』をもってという意味も掛けていると思われる。

かが見いだしたとき、それを見いだした者によって体系が建てられるのである。世界が思想であるとしたその思想が、たとえどのような思想であったとしても、立派な思想でありさえすれば、それを思いついた者は、まるで自分の小用を足すように、世界をシステマティックに排出するのである。

マウトナーは、体系を創り出しはしなかった。彼がみずからの著作を成立させるまでになめなければならなかった厳しい体験が、体系創出に向かうことを阻んだのだ。口に入れる食物がすべて毒や胆汁のような味がして、苦しみながら次第に餓死してゆくような体験をしたなら、彼が「体系製作者」[112]と呼んだ藪医者たちの患者になろうなどとは思いはしなかったであろうことは確かだ。マウトナーは、言葉、概念、科学といったものをめぐって、それと似た境遇を体験したのだ。

いかにして、すべての言葉が強引に引き回され、すべての堅固な架け橋が崩壊させられたか、それをマウトナーは眼前に見て、胸中に痛みを感じたのだ。石とモルタルは消え去り、古釘は抜け落ちてしまったのだ。こうした崩壊を目のあたりにしながらも、彼はあえて、この場所で仕事をしようと心を決めたのだ。新しい体系を構築しようというのではなく、途方もない量にまで整えられた素材をもとにして、新たな問いを立てるためにそこにとどまろうとしたのだ。

マウトナーにとって、崩壊してしまったのは言葉だけではなかった。それとともに、われわれが世界と呼んでいたもの、そのわれわれの世界についての知も崩壊してしまったのである。本棚に収められていた学問のすべてが、いまも古い染みをつけたまま遺されているわけではないし、遺されたものを新たなかたちで存続させるようとしているのではない。そうではなくて、それらの遺されたものを新たな懐疑の対象として吟味し、それを含めて、われわれがもつ精神的在庫のすべてを整理しなおすことが求められているのだ。

そのように考えてくるなら、なぜマウトナーが自分の本に虚栄を感じさせる『言語批判』という単純な表題ではなく、『言語批判への貢献』[113]という自信と自負に満ちた表題をつけたのかがわかってくるだろう。この著作自体のなかから、著者自身の感情、この著作は人間の力によって生まれたものではないという思いが、くりかえし迸り出るのが感じ取られる。そして、この書を読んだ者たちの間からも、マウトナーはなんと恐るべき大著をものにしたことか、ここにおいて言語批判というものが日の目を見るために必要な問いのすべてがなされ、また領域の設定への途が少なくとも開かれたのではないか、という讃嘆の声が上がっているのだ。

だが、それにつけても、小人どもの行状はなんと惨めなものか。彼らは、この論考のあれやこれやにアラ探しやケチつけをし、ないものねだりをする。そんなことばかりしているうちに、自分の狭い書斎のなかで迷子になったりしているのではないか。

やがて、ようやく専門家たちが登場して、この本に取り組みはじめ、丁重に語りだした。だが、それで事が済んだわけではないし、もともとまだ何もなされていないも同然なのだ。いまは、きちんと

112　Systematiker 体系を作ることばかりに躍起になって取り組んでいる「体系屋」ともいうべき学者。
113　同書の原題は *Beitrage zu einen Kritik der Sprache* である。Beitrage は一般に貢献、寄与といった意味だが、寄稿論文という意味もある。

した仕事こそが求められているのだ。どんな意味においてそうなのか。

マウトナー自身が『言語批判論』第三巻のある箇所、新生気論者[114]についてのべている箇所で、こういっている。

これらの批判者たちは、認識論者になろうとしたのだ。つまり、批判者たちは、まずは批判の追求を批判対象がもっているテクニカルな表現、その学問分野ではそれに従わなければならない表現技術の批判から始めるのである。われわれは、すべての学問のまさしく頂点にいる学者たちから、その特定の学問分野におけるターミノロジー（用語体系）に関わる批判を受けることになり、それから、それを通じて漸次言語の批判を予感させられるようになったのだ。それは、ターミノロジーに関わる批判が、そこに含まれている予備研究に依拠しているらしいということがわかってくるからである。しかし、一個人がすべての学問について、そうした再検討を総点検としてやりとげることは不可能であろう。

だが、もしマウトナーが、そのようなすべての学問における総点検が、彼みずからがもつ、すべてにわたる新しい直観[115]を通じてなら可能だと思っていたとしたら、それは思い違いだったろう。どんなテクニカルな表現も、物と称されるものの名前も、特性も活動も関係も全貌も秩序も、ほかと区別されるかたちではっきりと見ることができないままに、フォークの歯にかからないでこぼれ落ちてしまうようなところでは、また、われわれがまったく新しい言葉遣いと叙述のしかたに慣れなければならないようなところでは、いつでも、アイロニーの下方倍音[116]にともなって、とりあえず、おおよそのところで、暫定的に、比喩的にとらえられていたものを、あらゆる専門的な仕事の領域において評価しなおすことが可及的すみやかにおこなわれる必要が出てくるのである。

嘲りの調子でものをいうのは、よくないことだろうと思うけれど、さしあたり問題にするのは、ニーチェの「あらゆる価値の転換[117]」が提起している領域であり、すなわち、この転換にともなって、倫理学はもはや何もすることがなくなるのである。結構なことだ。それと同じように、ほかの基準諸学[118]においても、それらの学問はもはや何物にも直面していないのである。美学にしても法学にしても

114　Neovitalist　生命現象には物理・化学では解明できない力が働いているとするのが生気論（Vitalismus）で、古来、機械論（Mechanismus）と対立してきた。新生気論とは、二〇世紀初めにハンス・ドリューシュのエンテレヒー概念などの新しい生気論が現れたことを指している。

115　「すべてにわたる新しい直観」の原文は Gesamtneuanschauung。

116　Unterton der Ironie　音楽理論では、下方倍音とは波長二分の一の音をいう。上方倍音は波長二倍の音であり、上方倍音列と下方倍音列は鏡像関係にあるとされる。ここでは、知ったかぶりを問いつめていくアイロニーの問答を下方倍音に喩え、その問答が問われるものをどんどん沈み込ませてゆくという意味でいわれていると思われる。

117　Umwertung aller Werte　晩年のニーチェは、この「あらゆる価値の転換」という表題のもとに、彼の思想の総決算をまとめあげようとしていたが、果たされないままに終わった。『力への意志』がそれにあたるとされたこともあるが、編集に関する問題が多く、疑問だとする意見が強い。価値転換というモティーフは初期の『悲劇の誕生』以来、ニーチェの終生の課題であった。

118　NormenWissenschaft　標準的な術語がきちんと定まった学問。たとえば法学が典型である。

そうなのである。もはやニーチェと反対の方向に向かうことはできなくなっているのだ。その結果、倫理学をとってみれば、この学は、いまや、ただ道徳観・道徳感情・本能の歴史が意味するものについて関心をもちうるだけなのだ。

ところで、ニーチェがうながしているように受け取れる人間の行為のうちには、マウトナーが関わりをもとうとしないものもあることは、彼が自分の著作の最後のところで、言語批判が実践的にどういう価値をもつかについてのべていることからわかる。

それはたしかに正しい。だが——ついこの間コスマンが指摘していたように[119]——理論的にとらえるならば、ニーチェの道徳批判と認識批判の端緒は、魅惑的な内容を含んではいるものの単に軽い口喧嘩にすぎないともいえるのであって、それは言語批判の外堤に打ちつける波にすぎないのだ。さらには、そうした言葉遣いの愉しみとともに、ニーチェには提起されたあらゆる問題を、それを提起した人間の道徳信条だと見なしてしまう傾向があって、それが言語というものの疑わしさを認識する方向へ行くのをたえず妨げてきたのである。

そして、最後には、ニーチェはまったくの体型家になってしまったのだ。『力への意志』は一つの体系をなしている[120]。彼が超人の標章として見いだしたのは、人間こそが最高の存在として造られたということが全自然のなかで働いている原理として実証されるべきだという点だった。だが、ニーチェがおこなったそのような要求は、たとえばその流儀全体からして、それが言葉の上で進められているかぎりにおいては、当然、言語批判の対象に含まれることになるわけであって、したがって、ここではさらなる批判作業が必要となってくるのである。

そのほかに、その分野におけるターミノロジーの批判が別個におこなわれていない学問領域を挙げるなら、医学、生理学、心理学がある（病気とは何か？　生きているとはどういうことなのか？　個人とは？　器官とは？　機能とは？　記憶とは？　無意識とはどういう状態であり、自動的とはどういう状態なのか？）。そして、自然科学一般（因果性、新目的論[121]、遺伝）、物理学と化学（原子、重力、親和力[122]）、ダーウィニズムもそうである。神学などでも、民族誌や心理学に還元されないかぎりにおいては、こうした再検討をおこなうことが必要だろう。これについては、すでにデリッチュ教授[123]が取り上げてい

119　Paul Nikolaus Coßmann 1869–1942 ドイツのジャーナリスト。ショーペンハウアーの哲学に影響を受け、ミュンヘンの雑誌などで政治・文化評論の筆をふるっていた。

120　注94で指摘したように、フェルスター・ニーチェらの『力への意志』の編集には問題が多く、この著作が体系をなしているように見えるのは、ニーチェが「体系化」したからではなく編者による「体系的配列」のせいだとする研究者が多い。ランダウアーは、そのようなテキスト・クリティークが充分におこなわれていない段階で、このように発言したのである。

121　Neoteleologie 目的論（Teleologie）とは、事物やその展開を目的という観点から説明しようとする立場をいう。ここでいう「新目的論」が具体的に何を指しているか、はっきりとはわからないが、一九世紀末から二〇世紀初めにかけて、近代の機械論への反動として、たとえばハンス・ドリューシュの発想（注114参照）のような新しい目的論がいろいろ出てきていた。

122　Affinität 化学では、化合物が生成されるのは、それぞれの原子の間になんらかの親和性があるからだと考え、この親和性によって結びつきあう力を親和力と呼んだ。ゲーテは、ベリマンという化学者が使ったこの用語を「新しい結合をもたらす力」として援用して、小説『親和力』を書いた。また、社会学者テンニースの『ゲマインシャフトとゲゼルシャフト』にも、この親和力の考え方が使われている。

るところである。さらに言及しておかなければならないのは、マウトナーが楔形文字学[124]について暗示的な指摘をしていることで、これについては現在注目に値することである。

マウトナーは、それだけではなく、二つの領域でターミノロジー批判をおこなっている。一つは文法学（青年文法学派が好んでおこなったような文法学の名のもとでの言語史研究とは区別されるかぎりにおいての文法学）であり、もう一つは論理学である。

マウトナーがあれほど激しく反対して闘った主張について、そんな主張はそもそもだれもしていないという者がいる。そのように説いている者は、ある意味ではマウトナーの最善の読者であり、別の意味では最悪の読者だというべきであろう。マウトナーの言語批判が批判の対象として取り上げて闘った事柄というものは、そもそもまったく主張することができない性格のものだった、という意味においてとらえられるかぎりにおいては、そんな主張はだれもなしえないというのは正しい。あることをまったく自明のことと見なしているがために、疑いをさしはさもうとすら思いもしないならば、個別の明確な定式化などしないのは当然である。だから、マウトナーの批判は、だれも主張していないことに対する批判になっているというわけだ。

たとえば、マウトナーが現実の世界には名詞も形容詞も存在しないことを示した場合、それは異論なく成立するまったく理解しやすいことのように思われ、それに向かって異論を唱えるものなどいるわけがない、ということになる。もちろん、そうだろう。普通はそれで満足して終わる。物はみなそれぞれの性質を現実のものとして保っているだけだ、というわけだ。

だが、ロック、バークリ、カント、ヘルムホルツなどの影響を受けた者は、もっと先まで行く。そして、名詞や形容詞といったものの非現実性や観念性を主張して、悟性がつくりだしたカテゴリーやそれ特有の感覚エネルギー[125]について語るのだ。さらには、存在量とか、物と同等の物ならざるものとかいう非現実的な現実性は、xar eEoxnv という語が名詞ではありえないのと同様に、それ自体として名詞ではありえない、とする。

私が聞いたことがある、これとよく似た異論は、マウトナー特有のターミノロジーを使って、次のように表現する。無というものは、知性のなかにある。そして、知性は感覚のなかにはない。言語は認識の道具ではない。新たに知覚されたもののみが認識される。これは正しく、一般に認められてい

123　Friedrich Delitzsch 1850–1922 当時ライプニッツ大学、ベルリン大学などで教鞭を取っていたセム語学、アッシリア学が専門の教授。

124　Keilschriftkunde 紀元前三五〇〇〜三〇〇〇年ころ、アッシリア、バビロニア、ペルシアで用いられていた楔のような形をした文字についての研究。前出のデリッチュ教授の専門分野だった。

125　この「感覚エネルギー」Sinnesenergie を物理における熱エネルギーの一部と考えてはならないし、それと類比されるようなエネルギーとも考えてはならないと思う。物質の場における物質の流れから取り入れたエネルギーを生命の流れのエネルギーに変換した精神の場のものとして考えるべきだ。土井虎賀壽が「『事実』の世界にあっては、全く精神を計算に入れなくても『エネルギーの総量』が不変に保たれる。……［物における］直接的自己同一を否定する自由は、まさしく［「事実」の世界における］自己のエネルギーの否定を意味するからである」（『時間と永遠』p.127）といっているとおりである。しかしランダウアーは、当時出てきていた「エネルギー一元論」の影響があって、別の考え方をしていたのかもしれない。彼は、残念ながらこの「感覚エネルギー」のありかたについて言及していない。

るところであろう。しかし、記憶という面から見ると、言語は認識したことを貯蔵し蓄積しておく手段としては驚嘆に値するものだ。言語がなかったら、家屋はなかったし、鉄道も電信も化学産業も、そのほかさまざまなものがなかった。言葉をもたない犬でも溝は跳び越せるが、言葉をもっている人間は大洋を五日間で渡ることができる。

これは考慮に値する反論である。[126]そして、マウトナーは、こうした問題について言及しているといっていい。その問題とは、ポーの言葉を使えば、推理の適中、適っていること、一致していること、一貫していること、といったことに関する問題だと考えることができる。ポーは、この問題についてしばしばふれているが、そのふれかたは、きわめて繊細な用心深い手つきでおこなわれている。

ポーは、また彼の著作『ユリイカ』[127]のなかで、とても興味深く洞察力あふれる筆致で演繹と帰納の論理を論難している。彼がいうには、真理というもののただ一つの基準は、それが「あてはまる」ということにあるように思われる、というわけだ。われわれの認識のなかで実に多くのことが「あてはまる」ように思われ、その「あてはまる」ことが役に立ち、また応用することが可能なのは、なぜなのだろうか。われわれが偶然えた感覚――それはほとんど「われわれの誤った感覚」といってしまいたいところだ――、われわれの非現実的な概念分類、われわれ人間がみずからの思考を通じてつくった秩序、そういったものを以って、かくもたくさんのことを自然から騙し盗ったと同然のかたちで手に入れることができているのはなぜか。ポーは、この謎を問題にしているのだ。そして、この謎、つまり「あてはまる」という謎こそが、進歩を愛好し技術にのぼせあがったヨーロッパ教養人たちが、マウトナーの偉大なる懐疑に対抗するために最大の拠り所にしているものなのだ。

しかし、この謎をめぐっては、おそらく、ヤコーピ[128]に対してレッシング[129]があたえた解答が、レッシングの真意を表しているといえよう。マウトナーがわれわれに示してくれて以降、よく知られるようになったこの解答を、ここに引いておこう。

そのレッシングの言葉は「人間のために」というもので、次のようにいわれている。――人間がすべてにわたってすこぶる人間らしいありかたで、人間にとって役に立つようなかたちで、自然のなかから生み出されてきたとしたら、それははたして驚くべきことだといえるのだろうか。もしわれわれが自分たちが数えること、見つけること、探し当てること、建設し破壊することができるのに驚くのならば、それと同じように、われわれが食べたり、消化したり、生きていたりすることができるということを信じられないと思わなければならないのではないだろうか。私はそう思う。――といっているのだ。

126　Edgar Allan Poe 1808~1849 アメリカの詩人・作家。『アッシャー家の崩壊』『黄金虫』など、ロマン派の影響を受けた作品を多数残した。
127　*Heureka*「精神的ならびに物質的宇宙論」という副題がつけられたポーの宇宙論。彼は大学で物理学を学んだが、この宇宙論は散文詩として書いたといっている。『エドガア・アラン・ポオ全集』（春秋社）第5巻に谷口精二訳が収められている。
128　Friedrich Heinrich Jacobi 1743–1819 ドイツの哲学者。合理論に対抗して信仰哲学・感情哲学を建てた。
129　Gotthold Ephraim Lessing 1729–1781 ドイツ近代文学の基礎を築いたとされる劇作家・批評家。『賢者ナータン』『ラオコーン』などの作品で知られる。

マウトナーは、人間の思考、記憶、言語が人間にふさわしいものであり、その結果、これらの特別な器官の助けを借りて、人間がほかの動物とは違う生き方をしていることを否定しているわけではない。彼が否定しているのは、ただ一つ、われわれが人間独自の特性の方向へ、それを超えて進歩していき、それが「自然」になり「マクロコスモス」になってしまうという大いに悲劇的な事態、それを否定しているのである。

ファウストに対して、われわれはもう一ついっておかなければならないことがある。ファウストは、単に生の始まりにおいてのみならず、生の終わりにあっても、いやむしろ終わりにおいてはなおさらのこと、呪われた絆[130]に結ばれていたにもかかわらず、あらゆる技巧を駆使できたにもかかわらず、彼が母たちのかたわらにあったにもかかわらず、絶望の悲嘆に突然見舞われたのである。そして、その絶望は、われわれが何一つ知ることができないでいるということ、地上から離れて飛び立つべき翼をもっていないということに気づいたところから生じたのである。

心がこのような傾きを見せたときにのみ、つまりみずから偉大な人間を志向したいと思っているときにのみ、人ははじめてマウトナーの思想と向かい合うことができるのである。こうした心の傾きのなかにあるときにのみ、古代オリエントに出現した人間の形をとった神という形象が演ずる悲喜劇[131]の意味を理解することができるのだ。

もちろんのこととして、われわれがみずからのさまざまな感覚、器官、思念とともにそのなかに拘束されているわれわれの世界というものは、人間という存在によって、その存在の本性にもとづいて創られたものでしかない。その人間という存在は、その旧き主によって人間的なものとされ、非常に[132]……

私がこの考察のなかで、マウトナーへの異論を考えるうえで前提にしているのは、つまるところ、あのヴァーグナーとファウストのえんえんたる会話[133]なのである。ヴァーグナーは自然科学系の学部に属していた。われわれは、自然科学のおかげで、ずいぶんとすばらしく位を高めた。われわれはフォークで物を食べるようになったし、無線で電信ができるようになった。

言語というのも——生理学の比喩的な表現法を用いるなら——中枢神経機構のほかの機能とくらべてより未熟で劣ったものではあるが、一つの脳機能である。われわれは、いろいろな概念、いろいろな数量＝自然法則[134]をもっており、その助けを借りて、エッフェル塔を建てる。それと同じように、神経網の中心である脳の助けを借りて、前に進み、食べ、繁殖する。それだけのことだ。われわれにより多くのものがあたえられるという約束ばかりがなされてきた。だが、われわれはただ世界を思い浮

130　Teufelsbund ファウストが悪魔と結んだ契約のこと。
131　この人間の形をした神が演ずる悲喜劇とは、たとえば、『ギルガメッシュ叙事詩』のことなどであろう。主人公ギルガメッシュは古都ウルクの王で、三分の二は神、三分の一は人間という存在だった。この古代オリエントの「神王制」は、めぐりめぐって古代日本の天皇制につながると神話学の吉田敦彦はいう。
132　ランダウアーの文章は、ここで途切れている。
133　ヴァーグナーとファウストの会話とは、ゲーテの『ファウスト』第一部で、ファウストがひたすら現世迎合的な発想を披瀝する学僕ヴァーグナーと交わす会話を指している。*Faust* 522-601 : 903-1177
134　Zahlen-und Naturgesetzt 数量と自然現象との関係を基にとらえられた法則。

かべるだけでいいのだ。というのはどういう意味かというと、われわれは、世界に対して単なる動物であることから始め、動物であることで終わる、それでいいのだということである。

われわれの神のような理性については、いろいろと語られてきた。その論議は、いまや終わったのだ。言語とは理性のことである。そして、その言語とは動物がもつ器官にすぎないのだ。もっともそれは、動物の器官だといっても、その域を超え出るくらいの最高のものではあるけれども、やはり動物の器官なのだ。

次の点については、たやすくわかっていただけることだろう。ここで私が言語といっているのは、一般に言語と呼ばれているものに限ったものではなく、力学や化学の専門用語、数学が新たに創り出した数や量、そしてまったく新しい言語現象を含めたものなのである。そして、『言語批判論』のもっとも光彩陸離たる章の一つのなかに示されているように、数量というものは、われわれの頭のなかにだけあるものであって、現実において存在するものではないし、感覚世界においても存在しないのだ。そしてまた、それにもかかわらず、微分法の計算は、われわれの感覚がえたデータとも、自然のありさまとも、びっくりするほどすばらしく近接した結果を出すのである。

マウトナーへの反論として唱えられていた道具としての言語への讃歌は、マウトナー自身がすでに歌いはじめていたのだった。そして、それはまさにマウトナーにふさわしい場において歌われていたのだ。言語批判は、言語の見方を転覆させようとするものだっただけではなく、同時に、それぞれの面において実り多い言語改革と再建を図ろうとするものだったのである。

この関連において、それと大いに似ている点が指摘できるのは、今日ダーウィニズム[135]と自称されているものにおいて、自然におけるきわめて微小な変化をもとに進化を叙述しているのが、かつて微分法計算の助けを借りて定式化された方法によるものにほかならないことである。言語批判においていま問題になっているのは、論理を基礎づける代数学ではなくて、文法を裏づける代数学なのだ。それは、死滅したアラベスク模様で現代を飾り立てようとするものではない。ここで問題にしているのは、言語という作業用具の変化を計算用具の変化とくらべてみることなのである。

大衆向けの啓蒙的な著作で知られる自然科学者ドーデル＝ポルト教授[136]は、かつて自分のプランを世に問うたことがある。それは「モーセ[137]か、それともダーウィンか」という問いであった。われわれがいまあつかっている問題との関連では、次のようにいってもいいだろう。モーセがもっていたものが、数え切れぬほど多く、ダーウィンのなかに入っている。それは、測り知れぬほど長期にわたって、塵

135　Dawnismus　ダーウィンの『種の起源』において提起された主張を指すが、その主張のどういう内容を指すかは論者によってさまざまである。自然に見られる原因によって生物が進化するという進化論の大枠を指していう場合と、偶発的でランダムな遺伝変異が自然選択によって定着するという自然選択説を指す場合とに大きく分けられる。ここでランダウアーがのべているのは、微小な変化にもとづく連続的な適応進化という面を重く見てターウィニズムといっているようである。

136　Arnold Dodel-Port 1843-1908　スイスの植物学者。ダーウィンやヘッケルと交流して進化論を研究した。ここでランダウアーが言及している『モーセか、ダーウィンか』をはじめとする多くの科学啓蒙書を著した。

137　Moses　古代ユダヤ教の律法を伝えた預言者であり、古代イスラエルの宗教＝政治的指導者。

のように飛散していた概念操作であって、われわれがそれを無視しているうちに、口のなかで腐り果てそうになっていたのだ。

モーセか、それともダーウィンか、ではないのだ。そうではなく、モーセなきダーウィンが問題なのだ。腐ってぼろぼろになった概念の松葉杖に頼っているダーウィンではなくて、数量という新しい松葉杖の助けを借りるダーウィンのことを考えなくてはならない。新しいものではあっても、たえず松葉杖が要るというわけなのだ。

この新しい松葉杖というものをどう理解したらいいのか。それについては、いろいろ検討してみたものの、まだ明確にはなっていない。だが、それについて考えていると、今日においては、化学者たちが、彼らの方法と結論とを化学式ではなく日常言語で表現することができなくなってしまっていることに気づかされる。化学を日常言語で表現するような、そういう言語は、すでになくなってしまっているのだ。だが、そのことに関わってどういう事実があったのかということは、まだ思い出すことができる。それはゆらゆら揺れる不確実なものであり、また流れ出していってしまいそうな流動的なものであって、それ以上のものではないのだけれど、でも思い出すことはできるのだ。

もとよりわれわれの感覚は、自然の驚くほどの複雑さと多様さとを、無遠慮で単純化され専門化されたやりかたで、五つか六つの引き出しのなかに閉じこめてきたのである。さまざまな概念は、すべての知覚をわれわれの利害＝関心《インタレスト》に合わせ、すべての有効な力をわれわれの目的に合わせて、われわれの記憶に収まるように巻き取り枠に巻き取ってゆくために使われるのである。そのとき、無数の個別の現象は、巻き取りの芯棒としての語幹[138]になり、多種多様な運動は動詞になる。

数量は、この単純なもの、まとめられたものをふたたび複雑なものにする役割をもっている。だから、われわれは、それでなくてもすでに洗練され上等なものにされてしまっている感覚の元の姿を、数量を通じて回復しようとするのだ。数量は、感覚に対して言語が施したあまりにも粗っぽい人間化の形を取り除こうとするのだ。

だが、数量は、われわれの感覚を具体的なものから遥かに遠ざける一種の比喩的言語である。そして、そんなにまで遥かに遠ざけることによって、世界をわれわれみずからが向かい合う対象とするのであり、そうすることを通じて元の姿を思い出させるのである。このようにして思い出したものはどういうものであるのか。そこでは、もうすでに知っているものからのみ思い出すことができるのだけれども、にもかかわらず、そこで思い出されたものは、それとはまったく似ても似つかぬ未知のものになるのである。だから、それは、それまでの意味でのメタファーとはとうていいえないようなメタファーになるわけなのだ。

そのメタファーならざるメタファーは、われわれの利害＝関心《インタレスト》や目的を超え出ているだけではなく、われわれの感覚さえも超えて高揚するものになりうるのである。われわれの感覚にとって光というも

138　「巻き取りの芯棒としての語幹」と訳したのはBaumで、この語は巻き取りの芯棒とともに言語における語幹を示していると考えられる。

のは、間接的に当てられる電気照明に比べると、比べものにならないくらいリアルなものだ。光や明るさを計量する物理学者は、こうした対比を超えて、さらに先に進んでいく。こうした物理学者は、言語による象徴におけるのと同じように、また感覚による象徴におけるのと同じように、自由に実在のなかに生きているのだ。だが、その実在とは、それの元の姿をほとんど思い出せないような実在なのである。[139]

私は、マウトナーは、これと同じことをやろうとしたのだと思う。彼は、こういっている。――実在するものに、それとは異なっている言葉をあてはめるのは、現実の記憶の悪しき形象化である。しかし、数量を表す語は、まったく非現実的なものであり、しかも数量そのものに対しては、ほかと比べようのないかたちで、ただ一つだけあてはまる形象である。なぜそうなるかといえば、当然のことながら、そのようなかたちの数量言語こそが、数量の世界[140]というものを編成するうえで、われわれにとってそれにふさわしい外見を具えているからである。

その数量の世界は、われわれに別の感覚の世界をもたらすわけではない。また、まったく感覚にもとづかない世界をもたらすわけでもない。数量言語が編み上げる対象は、生の自然ではない。そうではなくて、そこにあるのはわれわれが感覚や道具やうまくあてはまるように思えた言葉を用いて造り上げた似像なのだ。数量言語は、その似像を編成し直しているだけなのだ。

このようにして、新たに首尾一貫したものとして紡ぎ出されたもの、それがいまのわれわれ人間の世界なのであって、そのなかで、われわれは行動し、物事に名前をつけたり、悩み苦しんだり、見た目よく装ったり、見られないように覆ったりしているのだ。こうして造られた人間の世界は、一つの象徴、シンボルである。もっと適切に規定するなら、われわれの感覚と、われわれがつくったさまざまな概念が織りなした切れ目だらけの灰色の蜘蛛の巣とからなる、その名に値しない「物の世界」なのである。

それでは、数量の世界を物の世界や人間の世界より深いものとしてわれわれの内に織り込むことができているのは、なぜなのだろうか。その数量の世界において、われわれの自我の世界とわれわれの外部の世界とから一つの新しい構成体を創り出すことができるのは、なぜなのか。また、それらはどのような点においてできているのか。それは、この叙述の前段の説明[141]において示したつもりだ。

われわれは、このように、感情と直観をもとにして作り物の人工世界を創り出すことに依拠しなければならないのである。そして、その人工世界のなかにあるかぎりにおいては、われわれにとって自

139　以上の「比喩的言語としての数量」に関する考察は、数学基礎論における議論とも関連している。マウトナーやランダウアーの問題提起が出されたのと同じ時期に、カントルの集合論をきっかけに数学的な概念における表現形式と意味内容との関係、ひいては概念と実在との関係をめぐって、そこに介在する矛盾を解決しようとする数学基礎論が形成された。この対応関係は、マウトナーの言語批判とヴィトゲンシュタインの論理批判との連関と区別にも関係してくる。

140　以下の考察で、「数量の世界」(Zahlwelt)・「人間の世界」(Menschwelt)・「物の世界」(Dingwelt) が対比されながら、人間の世界認識にとっての世界の三重構造が説かれ、そしてそうした人間の世界認識の彼方にある「自然の世界」(Naturwelt) が説かれている。

141　前段の「比喩的言語としての数量」に関する考察を指している。

然の世界は永遠に近づきがたいものにとどまるのである。私が前にモーセの名で言い表したもの——それは実はプラトンの名でもカントの名でもよかったのだが——それは、私の叙述のなかでは、さまざまな概念と言葉の集合をきわめて修辞的に表現したものだったのだ。

だが、そのさまざまな概念と言葉の集合は、道具としての言語にとっては、なんだかんだといっても、いまだに有用なものなのである。それが単にターミノロジーつまり用語体系にすぎないものであるかぎりにおいては、それはまだなんとか許容できるところがあるものなのだ。ただし、文法と称したわざとらしく気取った見せかけや、論理の虚言は排除したうえでの話だ。

そうした用語体系としての言語は、命題あるいは判断を通じて、区分や関連づけや構成をおこなうことによって、神学や科学や世界観になる。マウトナーは、文法上の格の形式、話法、時制、文構造、判断、結論といったものの空虚さ、不確実さ、価値のなさ、意味のなさを、それぞれ個別のところまで立ち入って追跡している。これらのことを明らかにできたことによって、彼は本来の姿への回復の過程にほとんど入ることができたにちがいないだろう。そして、また彼の著作の良き読者たちもまた、その過程に入っていけるにちがいなかろう。さもなければ、当然のことながら、マウトナーがおこなったことを追いかけて、それが正しいかどうか確かめなければならないが、マウトナー自身がこれまでにそれをしっかりとやって、それによって踏み固められた基盤の上に立っているので、検証が必要ないのである。それは、マウトナーの叙述を読めば容易に確認されることである。

それぞれの言葉や概念がもともとどういうところから生じたのかを想起すること、またそれらが実在世界にどのように相似しているのかを探求することと同じように、論理形式のような言語形式が、それぞれの場合に応じて、実在との間にどのような関連をもっているのかを探究することも考えられる。だが、そのような関連を捨象し、またそれぞれの場合に使われる道具の性格を捨象して、それらの言語形式が言語芸術にとってどう役立つかというところからだけ考えるならば、どういうことになるか。

　そういうふうな条件で考えてみるならば、まず何らかの意味をはらんだ音と、何の意味も表していない音との間で行ったり来たりしているうちに、情緒的で律動的なえもいわれぬものが生じるのが予感されることがありうる。そのかぎりにおいては、確かにそこにはまたもや不可思議な表現手段が立ち現れているのであって、ほかの芸術においては、描き出す方法があらかじめ調合されていなければ、その芸術に固有な表現手段を通して表すしかないのに対して、ここでは、言語、さまざまな感覚の表象、音楽といったものが同時に混合されて、一つの感覚表象が形成されるのである。

　だが、ここでまたしても重大な誤謬が生じうるのだ。言語形式というものが実在するものとそのまま対応するものではないことは、すでにのべたように、自明のことである。だから、そこでおこなわれていることは、もうすでに知っていることをくりかえしているだけなのだとするのは、まったくのまちがいなのである。かつてこうした誤った認識を一貫して懐いていたのが、あれほどまでに思慮深かった若きカントであった。また――わたしはそれをヘッベル[142]を通して知ったのだが――シラー[143]がケルナー[144]に宛てた手紙のなかにも、そのことを示す記述がある。それを、いまここでも引いておこう。

シラーは、言語という手段を通して、ただ普遍的に通用するいろいろな概念を意のままに駆使するだけなら、そうむずかしいことではないが、それでは特定の諸個人を描き出すことはできないとして、そうした個別の生きた印象を感覚的に再現することのむずかしさをくわしくのべようとしている。

これに関連して、シラーは次のようにのべている。

詩人が媒介にするのは言葉である。その際に、さまざまな種や類を指し示す標識のごときものは、さまざまな具体的な個人と、その個人においてたがいに結ばれているいろいろな関係を、なんらかの規則を通して規定しうるものではけっしてない。そして、文法というのは、そうした規則による規定によってみずからの内にシステムを成り立たしめているものなのである。

言葉も、それぞれの言葉が曲げ撓めながら、おたがいに結びついていく際の規則も、いずれもまったく普遍的なものであり、一個の個人がではなく、無数の個人こそが、そうした言葉の標識に従っていくのである。……

そのようにしてそこに立てられた対象は、想像力の前に導かれ直観のなかで変容させられる前に、概念で成り立っている抽象的なものの領域を通る大きな回り道をしなければならない。そして、そうした迂回の過程で、もともともっていた生き生きとしたもの（感性的な力）が失われるのである。

詩人や作家にとって、卓抜な作品を書き上げるために必要な手立てといったら、普遍的なものを芸術的に構成する以外にはない。（その普遍的なものというのは、いままさに、私の前に立てられていた燭台が倒れたとして、それは個人的な出来事なのだけれど、それを関連づけによって、もっぱら普遍的に通用することを指し示すものとして表現されるようにする、そのような表現の性格のことなのだ。）

言語はすべてを悟性の前に立て、詩人・作家はすべてを構想力[145]の前に持ち来たる（すなわち、みずからのものとして書き表す）ことが求められる。このとき、文芸は直観を求めるのに対して、言語があたえるのは概念のみである。言語は、そのとき、対象を奪い取っていく。そして、その対象をどう書き表すか、言語に委ねられるのである。また、それとともに、書き手の感性がもつ個性も奪い取っていく。こうして、言語は、みずからの特性そのもの（それがすなわち普遍性である）を押しつけてくるのだ。その特性は書き手にとっては疎遠なものであり、したがって自由に

142　Friedrich Hebbel 1813–1863 ドイツの劇作家・詩人。『マリア・マグダレーネ』『ニーベルンゲン』などの作品で知られる。
143　Friedrich von Schiller 1759–1805 ドイツの疾風怒濤期を代表する詩人・劇作家。代表作『群盗』『ヴィルヘルム・テル』。
144　Theodor Körner 1781–1813 ドイツの詩人。詩集『竪琴』に収められた愛国的な詩で知られる。
145　Einbildungskraft 構想力を定式化したカントは、単に経験的な連想によって想像をえる再生的構想力と、多様な直観内容を統一にもたらす生産的構想力とを区別したが、シラーがここで問題にしているのは主に生産的構想力であろう。注42参照。

書き表すことも、まったく書き表さないこともできず、ただ単に描写するだけになるのである。

ここに見られるように、言語がシラーの芸術の途上においた妨げを、彼は驚くほど明瞭にとらえている。だが、それだけでなく、そこには一方的な強調が見られる。というのは、ここでいわれている普遍性は、そこに忍び込んでいる言語の不確実さをともなうとともに、芸術の手段として大きな特権を行使させる面ももっているからだ。

しかし、ロマン主義の時代より前には、シラーが論難しているようなことはなかったことがわかっている。具象性の芸術は、そうしたやりかたの標的になってはいた。だが、音楽はというと、そんなことはなかったのだ。そして、言語は悟性に対して現実的なものをもたらしているのだということ、言語は確かに内的なものを表出することはできないけれど描写することはできるということ、普遍的概念というものは現実総体につけられた記号のようなものだということ、文法はシステムであり、それを通して、こうした現実総体のなかにおいてこそ個別的なものが同定されるのだということ、こうしたことすべてに、疑念に凝り固まったシラーは、一顧だにあたえなかったのだ。疑念を懐き懐疑に囚われたシラーは、みずからの得意分野である文芸に関係する領域で言語と対決して、立ち向かっていったのである。それに加えて、彼は文芸というものを心から信頼しきっていたのである。

個と類との間の区別は、単にまったく相対的なものであることに、ついでに注意を注いでおきたい。個が実在することに懐疑的なもの、それは中世の「実念論[146]」つまり普遍的なものが実在するという教説の再現を通じて「唯名論」[147]を克服することが大事だと思っているもののことである。そうした見方に立つことになれば、当然、名詞によって表される普遍的概念を通じて表現がなされるのにまかせるということになっていく。それはまた、因果性の呪縛を解かねばならないということにもなっていった。こうした指摘は、マウトナーの『言語批判論』の第三巻に見いだされる。さらに言い添えておくならば、これは私が本書第一章で示唆しておいたことでもある[148]。

シラーの嘆きはいったい何に向けられていたのか。詩人は、「言語の枷のなかで」必然的に現実的であることを抑えられてしまうことになる。それが嘆かれているのだ。このことは、われわれの時代に、フーゴー・フォン・ホフマンスタール[149]によってあらためて取り上げられた。このホフマンスタールの宣言は、マウトナーによる言語批判の認識を、まさにみずからの筆を通じて記したものであり[150]、

146　Realismus　中世のいわゆる普遍論争（Universalienstreit）において、普遍的なものの実在性を主張する学説。個別的なものの実在を否定しないが、普遍は何らかのかたちで物自体に内属しているとする立場も含む。
147　Nominalismus　普遍論争において実念論と対立し、普遍の実在性を否定して、普遍的概念とされるものは、一般的な記号、名前（nomina）にすぎず、実在するのは個物だけだとする学説。
148　本書 pp.40–42 参照。そこでは、ランダウアーが「最後の唯名論者」とするシュティルナーの議論をめぐって、個と類、因果性の問題を論じている。
149　Hugo von Hofmannsthal 1874–1929 オーストリアの詩人・小説家・劇作家。小説『チャンドス卿の手紙』、歌劇『影のない女』などの作品で知られる。
150　ホフマンスタールは、一九〇二年に発表した小説『チャンドス卿の手紙』（原題は Ein Brief）のなかで、かつて「一種の持続的陶酔のなかで、存在するもの全体が一つの偉大な統一体のように見えていた」自分が「何らかの判断をいつかは

私を導いて、マウトナーの労作とドイツ近代における青年期の抒情芸術――過ぎし日に見いだされるドイツの比類なき文芸とそのポエジー――との間に成立した接触・交流の地点へと到達させてくれたのである[151]。

マウトナーは、確か何度か、自然主義[152]が言語批判を好ましいかたちで確証してくれるといっている。私は、この点について、あえて判定を下さないでおいた。というのは、私は自然主義というのは芸術的な価値をもたず、ただ社会的な価値をもつだけだと認定していたからである。しかも、その社会的な価値は、社会を覆っていた虚弱と衰弱の故に、われわれの間に価値として現れたものであって、すでにもうほとんど失われてしまっているのである。

だから私は、自然主義ではなく――おそらくマウトナーは驚くかもしれないが――、シュテファン・ゲオルゲ[153]、フーゴー・フォン・ホフマンスタール、リヒャルト・デーメル[154]、アルフレート・モンベルトらの詩人・作家との間にこそ、深い関連を見いだしているのである。人は同じような点において好きだと思う人や物を自分のもとに集めておきたがるものだが、私は、そうではなくて、外から見れば遠く離れた所にある人や物がなぜ共鳴しあって調和した響きを奏でるのかを示したいと思っているのだ。

私は『チャンドス卿の手紙[155]』を散文詩と呼ぶが、この散文詩は、その共鳴と饗奏の一つを、おのずから語りだしている。

かつて私には、一種の持続的陶酔のなかで、存在するもの全体が一つの偉大な統一体のように見えていたのです。精神の世界と肉体の世界とが対立関係を形づくっているとは思えず、すべての自然の内に自分自身を感じていたのです。

……一つのものは他のものと同じようなものであり、他のものに何もあたえることなく、夢に見るような、この世を超えた自然においても、それに対する肉体的な力においても、そのような状態にあると思えたのでした。右手も左手も、およそ生の全体において、私はそうした状態のただなかにあり、幻影のようなものに気づくことはなく、すべてのことは喩えであって、それぞれの被造物がみなほかの被造物の秘密を解く鍵であるかのように、私には予感されていたのでした。

下すために、当然のこととして舌がひとりでに動いて発せられるはずの言葉が、腐敗した茸のように口のなかで崩れていってしまう」体験を描いている。本書でのちにより詳しく記される。

151　マウトナーの『言語批判論』とホフマンスタールの『チャンドス卿の手紙』との間には問題意識の共通性が見られるが、相互の影響関係はなく、それぞれ独立に達した認識であったことが確かめられている。だが、むしろ、その同時性が非常に興味深い。

152　Naturalismus　一九世紀後半にヨーロッパに興った文芸思潮で、写実主義をもとにしながら、近代の実証主義や自然科学にもとづく人間観を加味したリアリズムを追求した。ドイツでは、ゲルハルト・ハウプトマン、ヘルマン・ズーダーマンらが担い手になった。

153　Stefan George 1868–1933 ドイツの詩人。一九－二〇世紀世紀転換期（Jahrhundertwende）に、マラルメに影響された象徴詩で自然主義に対抗し、若い文学者に大きな影響をあたえた。

154　Richard Dehmel 1863–1920 ドイツの詩人。詩集『救済』『女と世界』などに精神的救済願望を表す詩を多く残した。

155　注150参照。この小説からの引用の訳は、檜山哲彦訳を参照させていただいた。

これに続く経緯のなかで、若き詩人が説明しているところによると、この深い感情は彼のもとにとどまりつづけるのだけれども、その感情がますます深く彼の心をとらえていくにつれて、それを言葉にして紡ぎ出すことがだんだんできなくなっていき、やがてすっかり沈黙と失語の淵に沈んでいってしまったのである。

……何らかの判断をいつかは下すために、当然のこととして舌がひとりでに動いて発せられるはずの言葉が、腐敗した茸のように口のなかで崩れていってしまうのでした。私の精神は、私にすべてのものを……ものすごく近くで見ることを強いました。そのように見ていたものですから、私には、以前に私の小さな指の皮膚の一部を拡大鏡で見たときに、それが溝や洞穴をともなった大平原に似ていたのとおなじように、人間とその行動の細部が拡大されて見えたのです。私は、もはや、そうしたものを習慣になっている単純化してしまう見方でとらえることができなくなってしまいました。すべてが部分に分かたれ、その部分がまた部分に分かたれ、もはや一つの概念におのずから包まれてしまうものはありえなくなってしまいました。個々の言葉は、私のまわりを泳ぎまわり、それが固まって眼となり、その眼が私をじっと見つめ、私もまたそれをじっと見つめ返すしかないのです。それは渦なのです。それを見下ろすと眩暈に襲われ、それを突きぬけてゆくと、虚無に到達してしまう渦なのです。

ホフマンスタールがここではっきりとのべたことは、芸術の実験以外のなにものでもない。その実験の中身は、彼自身もそういっているし、私もそう思うのだが、かつてポエジーと呼ばれ、レトリックであるとされていたものから離反し身を転じることにあったのだ。

シラーは、先に見たケルナーへの手紙のなかで、世界の具象的な造形を言葉を通しておこなうことは詩人・作家の偉大な目標であることを示したが、それはレトリックすなわち修辞法を必要とするものだったのだ。そして、シラーと同時代の若きロマン主義者たちは、シラーの『鐘の歌』[156]に対して、それが発表されたときに嘲笑を浴びせかけたのであった。それはなぜだったのか。

レトリックのなかには音楽も含まれる。快い響き、楽器、それが言葉や概念では表しにくいところを言外に伝えるものになる。ゲーテ、ノヴァーリス[157]、ブレンターノを始まりとして、新しい詩・文芸が成立して以降、言葉や概念に代わって楽器が使われるようになり、われわれを音楽の方へ導いていった。音楽の方へ――リズムすなわち律動の方へ、それによって磁場ができて、個々が振動しつつ、われわれとも共鳴しあうなかに現れる言い表しがたいものの方へ。

156　*Das Lied von der Glocke* シラーが一七九九年に発表した長編詩。この詩をもとにマックス・ブルックナーがカンタータを作曲し、詩ともども愛好された。
157　Novalis 1772–1801 ドイツロマン派の初期を代表する詩人・小説家。代表作に詩集『夜の讃歌』、小説『青い花』などがある。

このようななかにあって、シラーが生み出したものが輝きを放つ洞察の閃きにすぎなかったならば、彼の詩作品が大きな影響を及ぼすことはできなかったにちがいない。感覚世界はすべてを言い表しうるものではない。だから、詩人は、みずからの生、みずからの感情の律動だけではなく、感覚世界の表象をも、言い表しがたいものとしてとらえ、そういうものとして表現しなければならないのである。この言い表しがたいものがたがいに響き合うこと、それはそれぞれの反対側の末端からそれぞれへ向かって滔々と流れてくるもの――その流れてくるものは時間から発したリズムであり、また空間から発した感覚表象である――それを夢の基礎として、その上にすべての実在を溶け合わせることなのである。

私は、そうしたものを文芸作品（Dichtung）と私が呼んだもののなかに見いだす。そこは、そのなかにあるならば、人間がかけがえのない個として独り立っているという感覚がもたらされるように調律されている、そんな場のように、私には思われ、その場においてなら、言語批判から言語芸術へと還っていけるような気がするのである。

マウトナーがわれわれに示したのは、世界とわれわれ自身の個性とを人間的なものにすぎないものにしてしまう場から救い出して、それとは別のものとしてつかもうとする希求が、概念科学によってまったく不可能なものにされてしまっている、ということであった。しかし、芸術は、われわれが芸術のなかで生きている瞬間においては、それを可能なものにしてくれるのだ。そこでは、われわれは世界を獲得し、世界を創造し、我を忘れるのである。これこそが言語批判の一つの実践的価値なのではないか、と思う。

それがわれわれに何の宗教的な世界観ももたらしてくれないことは確かである。しかし、その代わりに、そうした世界観なしで生きていけるような心のもちかたへと導いていってくれるのだ。マイスター・エックハルトなら、それは懐疑と格闘して、懐疑の母胎そのものから脱却し、「天のように静寂で、天のように明朗な諦念の滅却」[158]に至るということになるだろう。それはマウトナーが最後の結論としてわれわれにもたらしたものであったし、ニーチェが到達したディオニュソス的ペシミズムでもあったろう。マウトナーの『言語批判論』は、それにもっとよい言葉をあたえてくれた。「絶望から脱した悠揚」である。

われわれが、認識論上の問題を追究する情熱と自負を失わず、みずからの頭脳に満足してしまうことなく進んでいくならば、それ以外のものはもはや必要ない。この認識論への情熱と果敢なる自負――それがマウトナーの著作からわれわれの世代に引き継がれるならば、どんなことが起こるか。

われわれの世代とは、もはや朽ち果ててしまった、あの精神を紡いだ織物を、ふたたび至上のものにしようとする革新の先駆者たらんとしている世代である。そのわれわれがおかれている場がどうなっているかといえば、みすぼらしいものになりはてた倫理、疲れきって精気を失った政治、神聖なも

158　原文は Resignation der Entsagung で、みずから諦めようとする意志すら滅却すること。これはエックハルトのいう「離脱」（Abgeschiedenheit）――自分自身の内にとどまりながら一切の被造物から脱却している状態――につながっているだろう。

のを汚す国民生活繁栄、そういったもののために、民衆は宗教に縛りつけられ、みずから問うことをやめている状態にある。

忘れられている問いとは何か。それは、現状を否定することにおいてはきわめて強力なものであった認識能力は、こうした状態に対してどういうことをいうべきなのか、と問うことにほかならない。そして、そうした認識の力が、否定ではなく建設においてはかくも無力なのはなぜか、と問うことなのである。その点において、マウトナーの著作は、われわれと同時代に生きる者たちにとって、大いに実践的に役立つものになるのではないだろうか。

分離を通じて共同社会へ

大衆と単独者[1]

われわれ、みずからを前衛と認じている者と、それ以外の人間との間を隔てている距離は、途方もなく、ほとんど言い表しがたいほどに大きい。普通にいわれる教養ある人々とそれ以外の大衆との間の隔たりのことをいっているのではない。そうした隔たりというのも充分に重大な問題ではあろうが、そのような意味での隔たりはわれわれの場合にはそう大きくはないのだ。多くの自覚した労働者は、すでにわれわれ前衛との間に接点をもっており、逆に、彼らと教養ある俗物たちとの間には深い断裂が刻まれているからだ。

この、ほかの人間たちから切り離された部隊、すなわち前衛とは、いったい何者であるのか、そのことが感覚においてとらえられなければならない。そういうふうにとらえるのは、余剰な知識によるのでもなければ、余剰な能力によるのでもない。一般的な知識や能力とは異なる方向を向いた関心によってであり、生のとらえかたによるものなのである。

大衆である人間は、みずからがいるべき場所あるいは領域を、世代を超えて継承されてくる要因によって定められる。その要因は、その人間の外からも、またその人間の内からも作用する。そうした

1 以下、見出しは訳者がつけたもので、原文にはない。

人間は、自分がいるべき場所や領域を、ある家族の一員であること、あるいはある特定の社会階層の一員であることに見出す。そして、そのようなところに所属していることを通じて、特定の知識を習得させられ、特定の信仰を注入され、そうした知識や信仰は定められていた獲得物と見なされる。かくして、プロテスタントかカトリックのキリスト者、ドイツかイギリスの愛国者、靴墨製造か新聞編集の業務者になるのだ。そうして、その人間が置かれた時代、置かれた階級に特有の権威、習俗、道徳、習慣に縁取られた空間のなかを、あちらに、またこちらにと揺れ動いて過ごすことになるのである。

このようなかたちで受け継がれてきたもののすべてを疑わしいものに転化してしまう若い世代が登場してきている。もしそうしたいのなら、これらの若者をいくつかに分類して整理することができるだろう。そこには社会主義者とアナキストがおり、神学者と流浪者がおり、ニヒリストとロマンティストがいる。熱狂に駆られて民衆のもとに跳びこみ、民衆を高め、目覚めさせ、純化し、怒りと憤りをかきたてようとしている者たちがいる。そして、美しきもの、偉大なるものの来るべきことを告げ、最終的には、新しい社会的・経済的結合体[2]に組織しようとするのだ。それとは別の途を選んで進む者たちもいる。彼らは、同じように、さまざまな聖なる概念や装置の間を揺れ動きながら、生はみずからにとって遊戯にすぎないと観念し、憑かれたように選り抜きの最高なものを追い求めることに生きる意味を見出していくのである。そして、偉大なる孤立者になるか、卑小なる享楽者になるかどちらかなのだ。

さて、われわれは、民衆のなかに入っていって、その旅から帰ってきたところだ。[3] 旅の途中で、いなくなった人たちもいる。党のほうへ行った人もいれば、絶望に駆られて去っていった人もいる。われわれが連れて帰ってきたものがあるとすれば、それは単独者である人間たちであった。[4] 日常の海のなかから釣り上げられる単独者、そのような存在をもはやわれわれは見出しえなくなっていた。われわれは、痛苦と葛藤のなかで、ひとつの認識に到達したのであった。われわれは、みずから民衆に呼びかける声をもはや聴いてはもらえぬほど遠くまで来てしまったのだ、と認識しなければならなかったのだ。

われわれは、生きるということをあまりに単純に考えていたので、およそ人々が陥っている混乱して道を踏み外した状態から、われわれが歩んでいるような率直極まりない道を容易に見出せるだろうと考えていたのだ。そしてまた、われわれの魂はあまりに繊細で錯綜したものであったがために、大衆のいる下方に降りたまま長い間もちこたえていることができるかのように考えていたのだ。だが、それらは思い違いだった。

われわれが到達した認識は、大衆のもとに降りていくことをやめるべきだ、そして大衆の先に立っ

2　原文は neuen gesellschaftlichen und wirtschaftlichen Verbänden。

3　ランダウアーは、一八九一年にドイツ社会民主党（SPD）を除名されたのち、ともに除名された「青年派」（Die Jungen）の友人たちとともに独立社会主義者として活動した。その間の活動のことを指している。

4　原文は einzelne Menschen。キェルケゴールの「単独者」（den erkelte ドイツ語では der Einzelner）を想起させる。

て進むべきだということであった。当初、そのようなやりかたでは、われわれが大衆から遠ざかっていくだけであるかのように見えた。だが、われわれが憧れ希めている共同社会は、われわれの仲間、つまりは新しい世代であるわれわれが、旧い共同社会から分離することによってしか見出すことができないのである。そして、われわれがそこから根底において分離することができたとき、その結果われわれが単独者としてわれわれ自身の内に沈潜することができたとき、そのときにこそついに、われわれの最奥に秘められた本性の核心において、もっとも原初にして普遍的な共同社会を見出すことができるのである。

その原初にして普遍的な共同社会は、人類全体とともにあり、また宇宙全体とともにあるものなのである。この至福の共同社会をみずからの内に発見した者は、いかなる時代においても、豊穣と歓喜に満ちあふれながら、同時代の人々がたまさかにつくった共同社会から決定的に訣別していくことであろう。

共同社会の三類型

私は、共同社会を三種類に分けて考えている。

第一の類型は、世々継承される力である。私自身がその力が働いているのに気づくのは、私が自分自身の内を深く掘り下げていくとき、私の内部に穿たれている坑道を深く深くくだっていくときであり、そのことを通じて、そこに埋蔵されていた古生物学的遺物を掘り出したときである。

第二の類型は、これとは別種の世々継承される力である。その力は、私の外から、私を締めつけ、圧えつけ、固めようとする。

そして、最後に、第三の類型は、さまざまな単独者が、それぞれの自己とその利害＝関心《インタレスト》とを共通のものと感じるところにおいて、自由に一時的につくりだす結合体である。

これら三種類の共同社会のうち、第一類型が通常「個人」と呼ばれているものである。[5]だが、私がいっておきたいのは、これは個人であると同時に、無限の宇宙のひとつの作用であり、ひとつの現象形態である、ということだ。

第二類型は、市民社会と国家が形づくる強制の共同社会である。

第三類型は、いままずもって来るべき共同社会であり、われわれが開拓し創始しようとしている共同社会がとりあえず最初に採る形態である。

5　共同社会（Gemeinschaft）の第一類型が個人（Individuum）であり、そうであることは世々継承されてきた力によるものであるというとらえかたに、ランダウアーの社会と個人をめぐる思想の根本が示されている。これについては、「訳者解説」の「分離と共同」の章参照。

「私」と「世界」との問題

この大問題について意見をのべようとするなら、すなわち「個人」「共同社会」ということばについて、そこに含まれているどのような感覚が、もっともよく現実に合致するのかという問題を提起しようとするなら、そしてまた、われわれが使っている「個人」「共同社会」という抽象的表現や類別名辞の背後に、いったいどんな実在性が事実として存在しているのかという問題を論じようとするなら、物怖じすることなく、きっぱりと、バークリ、カント、ショーペンハウアーの哲学と直面しなければならない[6]。

まず認めなければならないのは、次のことだ。もしみずからの主体あるいは主観から出発するなら、すなわち自我というものが不可分な固有の実体[7]として孤立した統一性をもって実在しているといっていいと認めるならば、そのように認めることによって、それ以外のものの実在性を、いささかの留保もなく否定し去ることになるのだ、ということである。そうなるならば、空間と時間は自我に属する直観形式であるということになり、すべての身体性、私の頭脳、私の感覚器官は無意味なものに化され、何よりもまず、読者である君自身が、私の心が創り出した気味の悪い幽霊だということになってしまう。そうなるならば、それと同じようにして、過去のすべては、自我に属する永遠の現在である意識が分離されたものにすぎないものとされてしまい、かくして、物事を発展の連鎖において明らかにしようとする発展史的解明は、およそ不可能なものとして崩れ去ってしまうことになる。

このような見方は、ほかのいかなる見方も真であると証明することができないままに、どこまでも反論の余地なく維持されうるものである。ただし、この見方が論を成り立たしめるための発端としておいた前提条件もまた、証明することはできないものなのだ。私が私の内部で、自我が孤立して一体性を保っている存在であると知覚している、その知覚は虚偽でありうるのだ。そして、それを虚偽として斥けることが実際にあるのだ。なぜ虚偽だとするのか。そうしなければ、私は果てしない孤立化の淵に沈んだまま独りでいなければならなくなるからだ。

だが、同時に、そのような「私というもの」の虚偽を認めることが何を意味しているのかを知らなければならない。それを虚偽と認めるならば、みずからの内に確かなものとして立ち現れてくるように見える唯一のものを捨てて、仮説と幻想が逆巻く大きな荒海に漕ぎ出していくことになるのだ。

私は、生きることの拠り処にしていた自我の確実さに頼るのをやめることになる。そして、その代

6　バークリ（George Berkeley 1685–1753）はアイルランドの哲学者で、『視覚新論』『人知原理論』などで「存在するとは知覚されることである」とする知覚一元論を説いた。カント（Immanuel Kant 1724–1804）はドイツの哲学者で、『純粋理性批判』などで「物自体は認識できない」として、先験的な総合判断のありかたが人間にとっての世界を規定しているとした。ショーペンハウアー（Arthur Schopenhauer 1788–1860）はドイツの哲学者で、『意志と表象としての世界』などで、世界の根源は生への意志であり、この意志が認識の助けを借りて世界を表現する表象を生み出すとした。

7　「不可分な固有の実体」と訳したのは、原文では Individualität。普通は「個性」と訳されている。

わりに、意識によってつくられた世界を建てるのだ。しかし、そのようにして建てられた世界は、それがどうしても必要であるということ以外、なんの根拠ももっていないものなのだ。だが、どうしても必要であるということが生み出す衝動は、無限の力をもっている生というものがそれを働かせるならば、解放された活気に満ちた力を発揮するのだ。

これからは、世界は私の、私が創り上げた世界になり、その世界のなかで、私は何かを見て、何かを為すのである。世界から隔絶され、神に見捨てられて、独りぼっちになってしまわないようにと、私はその意識によってつくられた世界を正当なものと認め、そうすることで、私のものである自我を捨てるのだ。だが、それは、自分自身を世界として感じるために、その意識がつくった世界のなかに自我を埋没させて消滅させているだけなのである。

水に飛び込む自殺者のように、私は真っ逆さまに世界のなかに飛び込む。しかし、そうすることによって、そこに死ではなく生を見出すのだ。私はおのずから死に、それによって、世界自我すなわち世界である私[8]が生きることができるのだ。このことは何を意味しているか。その、私が私のために創り出した現実性は、たとえ絶対なものではなく、ただ剥がし取られた現実性にすぎないとしても、それはあくまで私の現実性なのだ、ということである。それは、自我のなかで生まれ、自我によってもたらされ、自我のなかで働いている現実性なのだ。

こうした抽象の代わりに、こうした死んだ、空虚な、荒廃した剥離作業の代わりに、われわれは、われらの内なる力を凝縮して集結させ、宇宙全体をわれらの力の作用圏に引き寄せ、吸い込む営みを対置しようではないか。それが首尾よく達成されるならば、抽象と概念思考は終止符を打たれ、あとはそれを瓦解させる最後の一撃を待つだけになるのである。

世界の媒体としての自我

カント以降ずっと、概念的思考は、生きた世界を抹殺する企てに導かれていくしかないこととなった。だが、いまついに、生がこれに抗して頭をもたげ、今度は逆に、死んだ概念を抹殺しようとしている。なぜなら、いまや死者がなお死ななければならないことになってきたからだ。

世界の絶対的な解明を果たし、それによって世界を操作可能なものにしようとする苦痛に満ち、徒労をくりかえすしかない企てに代わって、それぞればらばらな、多くの世界像が懐かれるようになった。それらの世界像は、たがいに並行しているだけでなく、たがいに補い合ってもいるのだ。そのような世界像は、「あるがまま」の世界[9]ではなくて、あくまでわれわれにとっての世界でしかないことを、われわれは承知している。

このような世界像は、われわれみんなが共有していると仮定した自我感情のかりそめの力を借りて、

8　「世界自我すなわち世界である私」と訳したのは、原文ではWeltich。
9　原文はdie Welt》an sich《。「即自的な世界」という意味での「あるがままの世界」。

われわれ一人ひとりの自我の向こう側に近づいていこうとするものなのだ。それはまた、同様にわれわれみんなが共有していると仮定した感覚のかりそめの力を借りて、われわれ一人ひとりの感覚を超えた領域に達していこうとするものでもある。われわれの生が孕む豊穣さのすべてを挙げて、われわれの情熱ともっとも深い静謐さとをもって、世界を把握しようとする試みなのである。

　世界に触れて世界をつかもうとする試みを続けているうちに、われわれは疲れてしまい、自己満足に堕するようになっていってしまった。そこで、世界を自分のもとに吸い込んでしまおうとするのをやめて、その代わりに、今度は、世界の息の根を止めて、われわれの観念連合と普遍概念の虚ろな容器のなかに導き入れていったのである。世界が導き入れられようとしたこの居心地の悪い個室は、われわれの喜びに満ちた直観や輝かしく飾り立てられた生の欲求から用心深く隔離され、その入口にはNo.0という警告の印がつけられることになるのである。

　われわれは、いまは、これとは別の途を進むことにしよう。世界がわれわれの内を通っていくようにするのだ。そして、世界が通っていくときに、われわれの内で世界を感じ取り、体験することができるような状態を創り出しておくのだ。われわれの内で世界を感じ取り、体験するということは、同時に、世界のほうがわれわれを把握し理解することでもある。

　これまでは、自我と世界はたがいに隔離されていた。一方には、みすぼらしくて弱い、働きかける自我、他方には、近づきがたく、硬直して、生気のない、働きかけられる世界——という具合に、すべてが分かたれていたのだ。これからは、われわれは世界の媒体になる。働きかけると同時に働きかけられる、一体のものになるのだ。

これまでは、われわれは、世界を人間精神に変換すること、もっと正確にいえば、頭脳に存在している精神に変換することで満足していた。これからは、われわれ自身を世界精神に変換するのだ。それは可能なのだ。偉大なる異端にして神秘思想家の、老いたるマイスター・エックハルト[11]は、正しくも、こう言明した。もしわれわれが、小さな花を、その本質を含めて、まったきかたちで認識することができるとするなら、それによって、世界全体を認識したことになるのだ、と。しかし、エックハルトは、さらにこう付け加えている。われわれは、われわれの身体の外側に付着しているわれわれの感覚をもってしては、そうした絶対的な認識に到達することはできない、と。「神はいつでも受け容れの用意を整えておられる。だが、われわれは、用意ができていない。神はわれわれの近くにおられる。だが、われわれは、遠く離れている。神は内におられる。だが、われわれは、外にいる。神はみずからの家にとどまっておられる。だが、われわれは、よそ者のところにいる。」

10　原文は Assoziation。ある観念が懐かれることによって別の観念が連想され、その一連の連想を通じて、あるまとまった思考内容が形成されること。

11　マイスター・エックハルト（Meister Eckhart 1260–1328）は、人間の霊魂は、魂の根底に達したとき神に触れることができ、そのとき万物の始原に到達できると考えた。

魂を吹き込まれた世界

マイスター・エックハルトは、さらにわれわれに途を指し示す。神のイメージを語ったことばをこそ理解しなければならない、というのだ。彼が示したことばは、あの神に憑かれた修道女、聖女カタリナ[12]が、歓喜の声を上げて彼女の主に向かって跳躍したときのことばである。カタリナは語った。

「主よ、私とともにお喜びください。私は神になったのです。」

カタリナは、かつて名前をもっていたものすべてを忘れていた。そして、自分自身からも、またそこにたがいに区別されて示されていた諸々の事物からも、遠く引き離されていた。そして、我に返ったとき、口ごもりながら、いった。

「私が見出したことは、だれもことばでとらえることはできません。」

しかし、ようやく話しはじめたとき、次のように告げた。

「私がいまいるところは、私が個人としての人間になる前に私がいたところです。そこには、ただ神が、そして神のみがおられます。……人がことばで言い表すものすべて、また人々が形として表すものすべては、神へと誘う手立てにすぎないことを知らなければなりません。神のなかには神以外の何物もないことを知りなさい。神のなかに入っていける魂があるとしたら、自分が個人としての人間になる前にそうであったように、自分が神になることを通じてのみ、入っていけるのです。……言葉で言い表せるかたちでいわれれば納得がいくというなら、次のようにいいましょう。神は言葉です。天の国は言葉です。ここにとどまって、魂の力をふるいおこし、知と愛をもってさらに先に進もうとしない者は、まちがいなく信仰なき者と見なされなければなりません。……名前をもつすべての事物のありのままの姿を明らかにするのは、魂なのです。善き人間が地上に生きているかぎり、その魂は永遠につながっていくことを知りなさい。だから、善い人たちは好ましい生き方をしているのです。」

われわれが世界をわれわれのもとに包み込みながら共同社会を到来させるために歩むべき途は、外側へと展開していくのではなく、内側へと向かっていくものでなければならない。結局のところ、われわれがふたたび悟らなければならないのは、われわれは世界の諸々の断片を知覚するだけではなく、みずからが世界の一部にならなければならない、ということである。花を把握しつくすことかできる者は、世界を把握することができる。であるならば、まったきかたちで自分たち自身に向き直っていこうではないか。そうすれば、まさしく宇宙全体が見出されるのである。

とことんはっきりさせようではないか。われわれの固有な内的本質が現実的なものであるとするならば、さまざまな物質は実際には幻影にすぎないのだ。われわれの眼、われわれの触覚、そしてわれわれの脳髄がもつ空間感覚（比喩的にいえば、これらの三つもまた物質なのだが）、それらによって外部

12　シエナのカタリナ（Caterina da Siena 1347-1380）のこと。イタリアのドミニコ会の修道女で、ドミニコ会守護聖人に列せられた。なお、マイスター・エックハルトもドミニコ会修道士であった。

世界だと見立てられているものは幻影にすぎないのだ。また、われわれの内部感覚にとっては、たださまざまに姿を変える心があるだけなのだ。狭く笑うべきものでしかないわれわれの自我を唯一の本質的なものとみなそうとするかぎり、以上のような要請を受け入れなければならないのである。

だが、その一方で、世界というものを承認することは、われわれの思考の前提条件であり、その前提条件が働いてこそわれわれが生きていけるのだということを忘れてはならない。そして、この関係は、類推によって、魂を吹き込まれた世界とわれわれの同様の思考との間の関係にも成り立つのだ。それによってこそ、われわれにとって不可避なものとして要求される議論が、ドグマやいわゆる科学になってしまうことを免れるのである。

さらに忘れてはならないのは、「世界に魂を吹き込む」というのは、世界を道徳化することでもなければ、世界原理から導き出されうるような道徳をも意味しないということである。倫理に関するドグマや道徳の科学的根拠づけといったものは、我々人間の智慧がやっとのことで到達した最低限の線にすぎないのだ。

そこで、さらにはっきりさせておかなければならないことがある。物事を明らかにするとはどういうことなのか。われわれにはもうわかっている。それは、われわれみんなが必要としている見解を共有するために、心安らかに、ともに思いを同じくするということなのだ。

そこに立って、さらにはっきりさせておこう。過去・現在・未来というのは、ただひとつのものとして統合された永遠の流れ、無限なるものから発し無限なるものに至る永遠の流れにほかならないのだ。われわれにとって必要であり、それ故真実であるこの世界にとっては、一つの原因が一つの結果を生むということはないし、また一つの作用が別の結果に至るということもない。そのような推定は、孤立した物体からなる世界においてのみ成り立つものであって、荒波逆巻く上げ潮の海のようなわれわれの魂の力においては、成り立たないのである。

世界を物質からとらえるか、精神からとらえるか

人間は、孤立した身体などというものはないし、それが離れたところに及ぼす作用など存在しないということを、身体のメカニズムを通じて次第に知るようになる――そんなことをここでいったら、あまりに飛躍しすぎることになるだろうか。気体とか波動というものが物質的なもののうちに存在するということは、イメージとしてよく知られている（そうしたイメージから導き出された事実が自明のこととして受け入れられている）。微粒子・エーテル理論[13]というのは、この種のものの一つである。この理論が、ただ単に、ある仮説を成り立たせるための補助概念として、あるいは仮説を破綻させない

13　世界を構成する微細な粒子としてエーテル（Äther）というものを想定する考え方は、古代ギリシアのアリストテレスをはじめ、近代のニュートンなどに至るまで数多くある。アインシュタインの特殊相対性理論がエーテルの存在を仮定しなくてもよいとしたため、この考え方は消滅したかに見えるが、ニュートンが遠隔に働く力を伝える媒体としてエーテルを考えたように、なんらかのかたちで力学を考えると、これと類似の想定を理論的にしなければならなくなることも確かのようだ。

ための言い逃れとして導入されたものだと受け取られているにしても、この種のものに入ることは確かである。

要するに、こういうことである。つまり、世界を物質で構成されているものとしてのみ理解することができるということは否定できない。だが、それは、無数の多様な世界観が成り立ちうるから、それも成り立ちうるということにほかならないのだ。敬虔なるスピノザ[14]は、この「無数の多様な世界観」を「無数の多様な神の属性」と言い換えているけれど、それらすべてが成り立ちうるのだから、唯物論的世界観も成り立ちうるということにすぎないのだ。そして、唯物論的世界観がこのような意味で成り立ちうるということは、もしその世界観を採るなら、すべてを物質の構成として理解し、精神的なものを考えることをいっさいやめるということなのだ。

ほんとうにすべてを物質として把握しなければならないのであって、その一部といえども、精神的なものとしてとらえることはやめなければならないのだ。物質と精神という二つの領域を折衷してはならないのである。というのは、そのような折衷をおこなうなら、精神的なものが物質的なものから生まれてくるということを概念的に把握することができなくなるからだ。そのことをすでにスピノザは意識していた。

このような唯物論的把握に対して、われわれは、ロック[15]、バークリ、カント以降、物質を、いかなる例外の余地もなく、すべて精神[16]を通じて表現されるものとしてとらえる方向に転換した。精神を通じて物質を表現するということになれば、個人の霊魂という虚構を立てるか、あるいは比喩的に世界霊の部分霊というものを設定するかのどちらかになる。個人の霊魂というものについては、すでに否定したところであり、結局、世界霊の部分霊というものを無条件に前提にするしかない。こうして、いまや、精神を通じて世界を把握することが、物質を通じて世界を把握することよりも、並はずれて優位に立つことになっているのである。

それにもかかわらず、一方で、われわれは、物質的なものを一所懸命に探求すべきなのである。なぜなら、そうした探求があってこそ、物質的なものを精神的なものによって即座に適切に比喩的なかたちで表現することができるようになるのだからである。われわれの感覚に現れてくるものについて、それに対する精神的な新しい解釈を下していくことができるためには、その現れてくるものが客観的にはどういうものであるのか、確かめる作業を絶えずおこないつづけなければ、世界霊についてのわ

14　スピノザ（Baruch de Spinoza 1632-1677）はオランダの哲学者。主著『エチカ』などで、世界と精神のすべてを無限の実体である神から幾何学的に導き出す一種の汎神論哲学を展開した。

15　ジョン・ロック（John Locke 1632-1704）は、イギリスの哲学者で、『人間悟性論』などで、人間は生得的観念をいっさいもたない白紙（タブラ・ラサ）状態で世界に出てくるのであって、人間の知の源泉は経験に求めるほかない、と論じ、経験論哲学を標榜した。

16　ここで「精神」と訳した語は、原文ではPsyche。これはギリシア語のプシューケーから来た語で、もともと「心」「霊魂」を指す。このときの「霊魂としてのプシューケー」の意味は、アリストテレスが『霊魂論』で「霊魂（プシューケー）は可能的に生命を持つ自然的物体の第一の現実体である」といっているように、自然のなかにある生命の素のようなものなのである。そしてランダウアーがいうGeist（精神）は、まさしくこういう意味でのプシューケーと重なり合うものである。したがって、ここではあえて「霊魂」と訳さず「精神」と訳した。

れわれの表現は、まことにみすぼらしい戯言に化していってしまうのだ。

われわれと世界とが結ぶ婚姻関係というのは、とてもこみいった、骨の折れる関係なのである。そうではあるけれど、その関係には、さまざまな悦ばしいことどもがまとわっているので、われわれは世界と離婚する決心がつきかねるのである。うまくやれば、上機嫌の明るい表情とともに、その悦ばしいことどもを、世界との関係のなかに見出していくことができるのだ。その関係のなかに入り混じっている、不愉快な罵りや悪態にまみれた、あのペシミズムと呼ばれる、まったく建設的でない状態なんか、回避することができるではないか。

われわれは、次のようにもいう。――現実に作用しているものこそが現存しているのだ。現実に作用しているものは、突いたり押したりして、力を行使する。力を行使するものは、そこに存在しているものだ。そこに存在しているものは生きている――と。このような物の見方をすれば、ずっと前から死んでいるものがまだ作用しているとか、それはまだ効力があるにちがいないなどというのは、道理に合わないということになる。

そうであるならば、すべての原因は生きているものであるということになる。そうでないならば、それは原因ではない。死んだ自然法則などというものはない。原因と作用は分離できない[17]。原因と作用はおたがいに隣り合っているのだ。原因と作用というのは、一方から他方への一つの流れなのだ。そして、一方から他方への流れが、ほんのごくわずかに他方を豊かにし、また今度は、他方から一方を豊かにする流れが起こるとするならば、そこには永遠にくりかえされる流れが生まれ、それはいわゆる相互作用と呼ばれるものになるのだ。そうであるならば、そこには――硬直した考え方をする人たちは、そんなことを知りたいとも思わないだろうが――何かが存在していることになる。物質は固くこわばっている。だとするなら、唯物論者もそうであっても不思議はない。

最後の唯名論者マックス・シュティルナー

この原因と作用との往還を含む、永遠に生きているものの間の相互環流においては、隔絶されているものはもはやなにものもない。そこには、死と隔離が占めるべき場所はないからだ。それがマクロコスモスなのだ。ゲーテが描いたファウストは、このマクロコスモスの表れを観て取って、歓喜の叫びを上げる。[18]

17　原文は、「Ursache と Wirkung との間に Trennung はない」。このとき Wirkung は「結果」ではなくて「作用」と訳すべきだろう。Keine Wirkung ohne Ursache.（火のない所に煙は立たない）というのは、火という原因と燃焼という作用は切り離せない、ということなのだろうから。

18　ミクロコスモス（Mikrokosmos 小宇宙）に対するマクロコスモス（Makrokosmos 大宇宙）は、森羅万象を意味する the universe : space としての宇宙を指す。これに対し、ミクロコスモスは人間のことを指している。これらの名辞が対で使われるのは、大宇宙の本性が人間のなかにも内在されており、逆に大宇宙そのものが一箇の人間に類比されるというとらえかたによるものだ。これは西洋思想に限らないもので、東洋にも「天人合一」という思想がある。

わしが神なのか。わしの心はひどく明るくなる!
この符の清らかな線を見ていると、
作用する自然がわしの魂のまえに現われてくる。[19]

作用する自然——これはゲーテの師であるスピノザのいう「能産的自然[20]」(natura naturans)であり、もともと中世の神秘思想家や実念論者[21]の思想から採られた概念である。われわれは、人間は神になるという指摘、人間は世界を認識する代わりに世界そのものになりうる、あるいは世界そのものでありうるという指摘に、何度もくりかえし出会う。それはおそらくは、キリスト伝説をきわめて深く解釈した結果出てきたものであり、あるいはイエス自身がその深い意味を学んだのかもしれない。これについて、マイスター・エックハルトは、「人の子」でもある神[22]に、われわれに向かって、こう語らせている。「われれは、なんじらにとって人間となった。そのゆえ、なんじらがわれにとって神でないとするなら、なんじらはわれれに義をなしていないことになる」と。

これまで中世の実念論者について、さまざまなことが言及されてきた。彼らが実念論者と呼ばれているのは、普遍的なもの、すなわちもっとも空疎な抽象概念や類別呼称をもって現実にあるものを説明してみせるからである。彼らは人間の手と人間の脳がつくりだした抽象概念をあたかも壺か鍋のような容器として、そこに美徳だとか神だとか不死だとかいうものを入れて、もっぱらそれに頼ることに汲々としてきたのである。このような立場は、彼らの論敵である唯名論者にとって、反対の恰好の標的になってきた。深遠そうな体裁を取りながらまちがった方向にはまりこんでいく時代状況の下で、唯名論者が自分たちの皮相に見えて実は機知に富んだ思想を貫き通していくのはなかなか困難だったのだけれども、唯名論者は実念論者を、そうした概念はなんの実在性ももたず、ただ単なる言葉にすぎないといって、論駁したのだった。

　唯名論者たちは、必要とされていた清掃作業をやり遂げた。実念論者の脳髄に巣くった幻想から、実在性と神聖さを奪い取ったのだ。マックス・シュティルナー[23]こそが最後の偉大な唯名論者であり、彼はラディカルな徹底性を発揮して、抽象観念の幻影を根本から一掃したのだった。シュティルナー

19　高橋健二訳。この引用部分は *Faust*, erster Teil. 439–441. なお「作用する自然」と訳されているのは、原文では die wirkende Natur。

20　スピノザは、人間が主体として活動するときに客体として対象にする自然を「所産的自然」（natura naturata 産み出された自然）、人間を含めてすべてのものを自己の内に含み、自己の内から産み出すものとして自然を「能産的自然」（natura naturans 産み出す自然）と呼び、能産的自然は無限にして永遠の実体であって、それ自体の本性にしたがって、あらゆるものを自己の実体の変様として自己自身の内に産み出すとした。

21　実念論者（Realist 実在論者とも訳されている）とは、普遍概念のとらえかたをめぐって唯名論者（Nominalist）と論争した中世の哲学者たちを指す。唯名論者が普遍概念は個物の集合にあとからつけた名前にすぎないとするのに対し、実念論者は普遍的なものは個物に先立って実在すると考えた。

22　「神の子」たる存在（Gotteskindschaft）であるイエスは、「人の子」（Menschenkind）として生まれることによって、「人の子」が「神の子」でありうることを示したのである。

23　マックス・シュティルナー（Max Stirner 1806–1856）は、ドイツの哲学者で、ヘーゲル左派の思想家として、主著『唯一者とその所有』で、自己の固有性を全面的に発展させることが真の自由をもたらすと論じ、個人主義的アナキズムの源流をなしたといわれている。

理論のエッセンスは、彼がその通りにのべたわけではないが、次のようなことばに集約されるだろう。「神概念は払拭されなければならない。といっても、神が宿敵なのではなくて、概念が宿敵なのだ。」

シュティルナーは、実際に働いているすべての抑圧は、結局のところ、みんなに尊重されて神聖さを獲得することになった概念と理念によるものである、ということを発見したのである。恐れを知らない、強く決然たる豪腕によって、神、聖性、道徳、国家、社会、愛といった概念は、片っ端から嘲笑され、空虚さを暴かれた。目を瞠るような行論をもって、そうした抽象概念が無価値なものを膨ませただけのものであり、それぞれが個物の集積にあたえられた表現にすぎないことが証されていった。最後の唯名論者シュティルナーは、神に代わって座を占める実在性をもったものとして、具体的な個別的存在、すなわち個人を立てたのである。こうして、いまや神の座は、唯一者とその所有によって占拠されることとなったのである。それが、シュティルナー的憑依状態というべきものであった。[24]

永遠なるものの断片としての内部生命

かくして、われわれは、たがいに対立しあいながら補完しあう二つの営みを同時におこなわなければならないことになる。一方で、孤立した個体が具体的なかたちで存立することはありえないと証明すること、その一方で、実念論者の学説に含まれている深い見識のなかから、生かすべきものを取り出すこと、この二つを同時におこなわなければならないのだ。

これまで百年にわたっておこなわれてきた迂回は、むだなものではなかった。しかし、いまや、個人というものはありえず、相互共属と共同関係[25]のみがありうるのだということを洞察すべきときが来ようとしているのだ。集合名詞というものが個体の集合を意味するものでしかないとするのは正しくない。集合名詞というのは、個体を、大いなる全体のひとつの現象形態、ひとつの通過点、一瞬の電光にすぎないものにしてしまうのである。もちろん、これとは別に、これまで受け継がれてきた類別名称[26]なんて、個体がその束の間の電光であるにすぎない全体というまとまりを、安直な千篇一律さで表現してきただけのものではないか、という疑問を否定することはできない。

思い出してみよう。われわれにとってもはや過去のものになった原因などというものはないし、死んだ自然法則などというものもない。また、経験に先んじて成立している原理などというものももはやありえないのだ。われわれが認識するのは、内部生命[27]、現にここに行使されている力のみである。そういうところにありながら、今日の科学者のような、頑なさを代表する者たちは、新しく生まれ

24　シュティルナーが神を否定せず、神をとらえていた神概念を否定して、その概念の代わりに個人を立てたことは、逆から見れば、個人が神に憑かれたということになる、という意味で「憑依状態」（Besessenheit）といっているのだろう。
25　原文は Zusammengehörigkeit und Gemeinschaften。孤立した個人ではなく、個人がおたがいに結びつき合い、共同しあうなかでの個人としてしか存立できないと自覚しつつあるということ。これは日本の社会学者・濱口恵俊のいう「間人」（the contextual）モデルを想起させる。大窪一志『自治社会の原像』（花伝社、二〇一四年）pp.215~218 参照。
26　原文は Gattungsnamen。個体を分類して、たとえば魚だとか鳥だとか、それぞれの類につけられた名前のこと。
27　原文は immanentes Leben。「内在する生命」ということ。

た個体について、これは遺伝にもとづいて、これこれこういったものとして造られている、などという。それに対して、われわれは、こう答えよう。その遺伝というのは、どこにあるのか。天にあるのか、それとも過去にあるのか。それは、死んだ、鉄のような、不動の遺伝法則で、孤立して存在した生物から、父とか、あるいは名付け親のようなものを通じて受け継がれてくるものなのか。そうではなかろう。

抽象的な遺伝などというものも、具体的なかたちをとった個人などというものも実在しないのだ。遺伝というのは、現在ここに生きて存在しているものを分解し過去に移して呼んだことばでしかないのだ。個体というのは、きわめて流動的で、つねに関係しあって存在しているものを、固定した絶対的なものとして表現したことばにすぎないのだ。遺伝というのは、非常に現実的でつねに現前している力であって、その力は、生命を維持しながら前進していく世界に新しい形態と姿態をあたえるために働いているのである。個体というのは、人間が人類とか生物種とか宇宙とか呼んでいる魂の流れが発するきらめきのことなのだ。

われわれは、個人として世界に外部から接近して、世界を見て、探って、匂いを嗅いで、聴き、味わう。そして、向きを変えて、自分自身に向かっていき、自律した個人感情というものを越えて、その外に出ることに最後には成功する。いまある自分、自分のなかにある祖先のもの、それらはわれわれのなかで働いており、生きて、活動している。そして、外部世界に接触し、徘徊する。それから、自分自身の外に出て、自分とともに自分の子孫に移り行く。それは、無限なるものに発して無限なるものに達する頑強な鎖なのだ。その鎖は、個々の部分が壊れたり、複雑に変化したりしても、破壊されることはない。

そうであるならば、われわれがなすべきこと、生きている間になすべき働きは、その仕事を通じて万物と結びついているもの、そうした総体の一部分でなくてはならない。そして、われわれの亡骸は、その上を通って世界のなかをわれわれがさらに歩んでいく一つの橋になるのである。クレメンス・ブレンターノはこういった。「生は永遠以外の何ものでもない。われわれは、永遠の一部を、そこに隠されている死とともに受け容れ、自分のものとするのである。」そのとおりである。「すべて生あるものは死す」ということばは、相対的には真理だが、些細な、何もいっていないに等しいものでしかない。これに代えて、こういう言葉を立てるべきなのだ。「生あるものはすべて、くりかえし生きる。[28]」

有効性こそが現実性である

すでに見てきたように、世界と名づけられている、あの無限で多様な魂の流れを表現するためには、物質と身体というものでは、まったく不充分であり、ほとんど時代遅れの表現しかえられない。しかしながら、これに対してわれわれが新しく立てた見方は、まだ生まれたばかりであり、それを表現す

28　原文は、Alles was lebt, lebt ein für alle Mal.

るのに用いることばは、まだほとんど一般には通用していない。したがって、旧い表現に留保を加えて使いつづける以外にない。しかし、そうしても、そう大きな支障を生むことはない。なぜなら、凡そわれわれの分析や説明というものは、多かれ少なかれ漠然とした近似的なイメージを求めるようなものであって、そこにはつねになんらかの留保がつきものだからである。また、われわれは、われわれ自身の世界像をつくるために、並行して相補いあうたくさんの世界観を、いつでも使えるように準備しておかなければならない。だから、一定の留保はつきものなのである。

物質的・身体的な側面からえられる認識をよく観察してみよう。そうすると、明らかになるのは、個々の人間、個人といわれるものが、過去の人類と身体の上で断つことのできない緊密なつながりをもっているという覆しえない事実である。誕生のときに、子供と母親をつなぐ臍の緒がもぎ取られてしまうことは確かだが、しかし、人間の肉体と祖先とを結びつけている見えない鎖は、しっかりと保たれている。そうであるとするなら、遺伝というのは、祖先の世界がわれわれの肉体に対して、そしてまた精神に対して及ぼす不気味な、けれど親密で、なじみ深い力、逃れがたいその力による支配にほかならないのではないか。そしてまた、その力と支配とは、現在と共同社会に存するもの以外の何ものでもないのではないか。

われわれ人間が、毛皮のような毛に覆われていないなめらかな皮膚をもち、突き出ていない顎をもち、直立歩行しているのは、遺伝の結果であり、それがさきほど支配といったものである。すなわち、これを遺伝というのは、猿から進化した最初の人間が、非常に長い期間を隔てて、われわれに力を行使しているということである。あるいは、言い方を換えるなら、この最初の人間がわれわれのなかから作用を及ぼしているのだ。その最初の人間は、われわれのなかにいて、われわれがそれを自分のなかに見出し、そこに自分自身を感じるかぎり、依然として生きているのである。

というのは、結局のところ、すべて効力を有するものは現在に存在するものでなければならない[29]ということを人は理解するに至るということだ。つまり、過去にあった原因ではなくて現在生きている原因があるのだということがわかるようになるのだ。あるいは、この場合に適当でない「原因」という言葉を使わなくてよいということになれば、自由に次のようにいうことができよう。原因は死んでいる。生きているのは、生きた有効な作用なのだ！――と。そして、ショーペンハウアーがいった「すべて現実的なものは有効なものである」ということばを逆立させて、「すべて有効なものは現実的なものである」ということができるだろう。そして、この意味において現実的なものとは、大いなる共同社会であり、相互関係なのだ。また、wirklich［現実的］という語は――シュヴァーベン地方の方言では、まさにそうなのだが――gegenwärtig［現在の］、momentan［この瞬間の］という意味でもあるのだ。

29　原文は alle Wirkung Gegenwart erfordert。Wirkung すなわち有効な影響ないし作用は、Gegenwart すなわち現在にあるという属性を要求されるということ。

世界を観て取ることから世界を聴き取ることへ

われわれの存在は、父祖以来永遠に生きる一族結合体の一齣をなしている。「永遠に生きる」といったが――いい機会なので指摘しておくと――、ここでいう永遠とは、また時間の推移のことをも指しているのである。ショーペンハウアーは「無時間的[30]」といったが、これは時間が無限に推移していくことにほかならないのだ。

私が恐れるのは、われわれがこの問題について探求を試みるとき、絶対的な無時間性というものを立ててしまい、それによって時間の推移を揚棄したつもりになり、過去・現在・未来を一種の静止した同時性[31]として見出すことである。「静止した同時性」というのは、とっさに出たことばだが、そのようなかたちで無限空間像をつくりだしてしまうことに注意しなければならない。

われわれは、時間を空間的に、あるいは空間を時間的に表現することができる[32]。時間を空間に、空間を時間に飲み込ませてしまうのである。しかし、時間と空間のどちらもともにのりこえてしまうことは、きわめて強い集中と没頭をもってしても、なしえないのである。

すべて空間的なものを時間的に表現することは、おそらく、次代の人間にとってもっとも重要な課題の一つになるだろう。なぜそうなるのか。われわれの言語は、すべて、空間をあらわす定量的な言語と、態様をあらわす定性的な言語[33]からなっている。樹木、人間、哺乳類――これらの概念は、そしてそのもとになっている具体的なものはなおさらのこと、態様を知覚することを通じてつくりあげられているのだ。これに対して、聴覚の助けを借りて、世界のすべてを時間的に聴き取り、ことばで言い表すことができれば、どんなにすばらしいことだろう。音楽こそが、こうした新しい言語のさしあたりの端緒になるであろう。

われらの内なる祖先

遺伝によって結ばれた巨大な共同社会[34]が現実に存在する。祖先は、今日でも影響を及ぼしている以上、いまも生きているといわなければならないのだ。

われわれの人間としての、あるいは動物としての祖先——さしあたり、これらについてのみ語ることにするが——それらが、最後の痕跡を消して、失われてしまってから久しい。地上を何度も何度も

30　「無時間的」の原文は zeitlos。時間に制約されないで推移していくという意味。
31　「静止した同時性」の原文は stehenbleibende Gleichzeitigkeit。これだと立ち止まったままで推移していかないということになる。
32　時間を時計の針の動きであらわしたり、空間を光年といった時間の推移であらわしたりすることを指している。
33　「空間をあらわす定量的な言語と、態様をあらわす定性的な言語」の原文は、quantitativ Raumsprache, qualitativ Gesichtssprache。
34　原文は die großen Erbgemeinschaften。民族はそのようなものとして理解されている、

探しまわったあげく、見出されたのはわずかな名残にすぎない。しかし、こうした古生物学上の遺物は、われわれ自身のなかに生きている。これらの死に絶えた動物は、いまだにそこに生きつづけているのだ。ただし、それに気がつくためには、表向きの顔とは別の第二の顔を見分けることが必要なのである。われわれは、このなおも残っているものの一部なのであり、われわれの子供もまた、われわれの子供であると同時に、祖先の子供でもあるのだ。

最初から地上に生きつづけてきた個々の肉体は、ばらばらに孤立した個人のただの総和ではなくて、すべてがともに結びつきあった、大きな結合体、まったく現実的な働きをもつ身体の共同社会（Köpergemeinschaft）、一箇の有機的な組織体なのである。その一箇の有機的組織体は、おのずから永遠に変化を続け、永遠に新たな個別的な姿態を見せつづけるのである。

われわれの上意識[35]は、自己のなかにあるいわゆる無意識的な、つまり上意識には知られていない衝動・反射・自動的身体反応からなる生、強力で現実に存在する魂の生のことをほんの少ししか意識しない。それと同じように、つねにわれわれのなかで働いている祖先の生と偉大なる祖先の支配とを意識することもあまりないのである。そして、これを意識しない状態は、けっして覆されることがない。そういう状態を承認しなければ、生も世界も幻影になってしまうという動かしがたい前提があるからなのだ。そうでなければ、すべての物質、外部に知覚されるものすべてが幻影になってしまう。

つまり、すべて存在しているものは、対象として存在しているのであり、すなわち意識された存在だということである。「それは存在する、ゆえにそれは思われる[36]」（Est. ergo cogitat）――われわれのデカルト哲学の基礎語彙には、そう書かれているのだ。人類というのは、なんら抽象的な、死んだ概念ではない。人類とは、現実に存在するものであり、個々の人間は、その意識とともに、それぞれに生成し、変化し、姿を変えていく。ということは、そのような変化して新しいかたちを取った個々の幻影を通じて、人類というものが目に見えるものとして現れてくるのである。人類というのは、また——すでに見てきたように——それは宇宙でもあるわけだが、そうした人類＝宇宙というのは、プラトン哲学的な理念であり、スコラ哲学者のいう「もっとも実在的な存在体[37]」（ens realissimum）なのである。

35　上意識（Oberbewußtsein）と下意識（Unterbewußtsein）は、ここでは、意識（Bewußtsein）と無意識（Unbewußtsein）と考えてさしつかえないだろう。

36　デカルトの『方法序説』でいわれた「われ思う、ゆえにわれあり」（Cogito, ergo sum）をもじったもの。人間の意識を実在の根拠とする点では同じだが、デカルトが意識を主体の実在の根拠としたのに対し、ランダウアーは意識の客体としてのみ実在が証されるという意味に言い換えている。

37　中世スコラ哲学においては、それ自体として存在するものとしての「実在的存在体」（ens reale）と、知性によって客体として対象的にとらえられたかぎりで存在するものとしての「思惟的存在体」（ens rationis）が区別された。ランダウアーは、人類・宇宙というものを、それ自体で存在するもっとも本来的な意味での実在的存在体である、といっているのだ。

物質と精神は切り離せるか

痩せた土地に立つ一本の木があって、その木の枝が肥沃な土壌に垂れ下がる。すると、古い木が死に絶え、若木が葉枝を伸ばして育って、新しい木になる。それと同じように、人間は、ある面から見れば死に、別の面から見れば死なない。人間は、子供のころから、また自分の仕事をやることを通じて、みずからを変え、他の人たちと力を合わせて生きていく。

われわれは、まず物質的なものを度外視して、精神的なもののみを尊重することにしよう、というふうにいうことは可能である。だが、私は、もちろん、言下にこれを否定する。いや、いや、それはだめだ、と。みずからの魂においては精神的なものだけを感じ取り、個人の身体に関わるものは外部感覚においてのみ知覚しようと思う者は、自分自身の自然な経験を、学派のドグマによって台無しにしてしまうのだ。内部においては、物質と精神はまったく切り離すことができない。両者は魂というかたちをとって一体なのだ。

しかしながら、われわれは、ここで、いったん物質と精神を人為的に分離してみる試みをおこなってみよう。そして、そのやりかたに対する反駁を好んで取り入れるのだ。この試みでは、こういわれる。個体における遺伝の力や種の精神は、せいぜいのところ、習慣と道徳の伝承に限られるのであって、それは畜群の道徳[38]のようなものにしかなりえない。これに反して、個体というものは、個々みずからを外に立てるものであって、それぞれが特異なものであり、それぞれが明確に区別されるものだ、というわけである。

しかし、逆もまた真なりである。こうもいえるのだ。過去の同族の習俗や道徳が遺伝によって獲得されるものの領域をどんなに幅広く占めているとしても、それらの大部分には、環境や権威に依拠して偶然に形づくられる共同関係といった、外部から生じた、それらとは本質を異にする遺伝の力が織り込まれているのである。個体がどういうものになるかは、神の恩寵と誕生のときに決定されているものに拠っているのであり、遺伝の力というものは、自分が自分自身であるということにほかならず、自分の性格というものをなしているのであって、それに対して外部からは表面的な微妙な違いや調整をもたらしうるにすぎないのである。

分離を通じて一体化する

個人は、みずからの上にしっかりと立てば立つほど、みずからの内に深く引き込まれていく。そして、個人が共同世界の影響から離れていけばいくほど、ますますその個人は過去の世界と重なり合う

38　「畜群の道徳」（Herdenmoral）とは、ニーチェが唱えたもので、『善悪の彼岸』では、人間社会において、支配者に対してまるで羊・山羊・牛のように従順な弱者が自己保存のために用いる道徳（これを「畜群の道徳」と呼んだ）は、やがて人間全体の卑小化、均質化、弱体化をもたらすとして排斥した。

ところにみずからを見出していくようになる。そして、それとともに、自分の家郷ともいうべきところから発しているものと重なり合っていくのである。みずからの家郷ともいうべきところから発している人間とは、その個人のもっとも深奥にあるもの、もっとも秘められたものであり、外から触れることができないものなのである。それは、その個人のなかにひそむ生きたものの大いなる共有物であり、血であり血族なのだ。血は水よりも濃い[39]。だから、その個人がみずから見出した仲間集団からなる共同社会のほうが、国家や利益社会の影響力よりも、ずっと強く、ずっと貴く、ずっと根源的な力をもっているのである[40]。われわれを形づくっているこれ以上分割できないものが、われわれにおいてもっとも普遍的なものなのである。

私は、自分のなかに深く沈潜していけばいくほど、ますます世界に対する関与を深めていく。だが、私は、こうしたみずからの深みへの帰郷を果たし、そこで自分自身を発見することができるような器官をみずからに具えているのだろうか。この発見というのは、私が自分自身に対してもつ感覚とは別のものでありうるのだろうか。その内に対する感性的認識力がもたらす感覚とは、外に対する感覚器官が仲介して私にもたらす明瞭で明確な印象とは反対に、おぼろげで漠然とした普遍的感情にすぎない。私がいっている共同社会とは、こうしたぼんやりとして溶けかかったような、そこからは何事も始まらないような普遍的感情にすぎないのだろうか。

そうではない。われわれは、自分たちの感性的印象の明瞭さについて思い上がるべきではない。それは、それほど明瞭なものではない。そして、忘れてはならないのは、私がいっている共同関係で結ばれた世界[41]というのは、感覚でとらえようとしているものではなく、実際に生きようとしているものであるということである。

われわれの知覚の明晰さと確実さは、対象が個々ばらばらにされ、それぞれについて境界づけがなされ、個体化がほどこされた状態にもとづいて生まれるものである。外部世界の流れをこのような状態において、その迂回路を通じて知覚することを通じて、はじめて、世界を手中にすることができるのだ。そして、これと同じように、世界のほうも、われわれを個々ばらばらに分離して、個人を生み出さなければならないのだ。そうすることによってはじめて、われわれのなかに世界がきらめきながら現れてくるようになるのだ、と思われる。

われわれ自身のこのような分離と深い内省において、世界は肉と魂を、すなわち物質と精神をともに具えたものとして、われわれの内に見出され、感じ取られるのである。このとき、世界は破片となって崩れ落ち、それぞれの部分が異なったものとして分けられるようになる。だから、このような世界と一体になるためには、われわれ自身も、ある種の神秘的な分離状態のなかに逃れることが求められてくるのである。

39　Blut ist dicker als Wasser. 血縁の人のほうが、他の人よりつながりが強いという意味の諺。
40　「仲間集団からなる共同社会」が Gemeinschaft、「利益社会」が Gesellschaft。ゲマインシャフトとゲゼルシャフトが対照されている。
41　「共同関係で結ばれた世界」の原文は Gemeinschaftswelt。

個人から人間存在そのものへ

忘れていたものを、ふたたび、われわれの意識に上らせようと思ったとき、どうしたらいいのか、よく考えてみなければならない。われわれには、そういうときのために、記憶と名づけられた心理機構がそなわっている。しかし、記憶は、われわれが個人の生活のなかで獲得した、わずかなもの、それも表面的なものだけにしか役立たない。こうした純粋な意味での「個人的なもの」というのは、表面的で、新しく、移りゆくものなのだが、これに対して、ほんとうの意味で個人的なものは、深く、旧く、永続するものなのである。そのほんとうの意味で個人的なものは、そこから個人というものが湧き出てくる共同社会の強迫的な欲動[42]に根ざしているからだ。

マイスター・エックハルトは、いっている。神は、個々の人間とともにあるのではない、人間存在そのもの[43]とともにあるのだ、と。そして、この人間存在そのものとは、人間において非常に貴重なものであり、すべての人間が共有しているものである。これをエックハルトは、人間の本性と名づけた。だが、誤解してはならない。その人間の本性とは、人々が同じ仲間の畜群の表層に、たまたま権威に拠ってつくりあげることができた合意にもとづいて台座の上に立てた道徳というものとは別物である。こういうふうに立てられた道徳というものは、永遠に対して無関心で、表面的で、俗物的なものである。エックハルトがすべての人間の本性であると考えているものは、そういうものではなくて、永遠に受け継がれる、神聖なものであり、そこに立てられた合意と共同関係は、各人がそれぞれもつ、もっとも固有で、もっとも純粋な独自性が見出し創り出したものなのである。なぜならば、このように深遠に根を張ったかたちにおいて個人であること——それはまた、そのまままさしく共同社会なのであり、この個人と共同社会との重なり合いこそ、人間存在そのものであり、神聖なものであるからなのだ。

そして、それぞれの個人が、いったん、みずからの内に共同社会を創り出すならば、そこに共通点をもつ諸個人がつどって、新しい共同社会つまりノイエゲマインシャフトを創り上げる機が熟したのである。その新しい共同社会とは、表面的なもので出来損ないにすぎない共同社会に訣別を告げる勇気と必要を持ち合わせた人たちが見出したものなのだ。

みずからの内に沈潜し、そこから新生をめざす個人は、過去の世界と過去の共同社会についての記憶をもっていないことは確かである。問題は記憶をもっているかどうかにあるのではなくて、その人たち自身が共同社会なのだ。外部のものとして知覚するのではないのだ。自分自身が共同社会なのだ。記憶を所有しているのではない。われわれは、われわれの人間としての生全体をもって人間存在そのものなのだ。われわれは、われわれの動物としての欲動全体をもって動物的なものなのだ。その動物

42　「共同社会の強迫的な欲動」の原文は Zwangstriebe der Gemeinschaft。
43　「人間存在そのもの」の原文は Menschentum。接尾辞 -tum は「〜であること」「〜らしい性質」を意味しているので、「人間存在そのもの」と訳した。

的なものは、われわれの内においては、いまだに表面的なものでしかない性格を帯びている人間的なものよりもずっと旧く、したがって人間の固有性により近いのだ。

われわれの概念思考とわれわれの記憶は、人間らしいもの、その意味では人間的なものである。それに対して、動物の欲動とは異なるとされるわれわれの感じ方・表し方、われわれの感覚、そして無意識の形式、肉体に宿った魂の体験がとる形態、それらはすべて、人間的というよりは動物的なものであり、同時に、それゆえより普遍的で、固有なものにより近いのである。

そして、そのうえに立って、われわれがさらに共同関係を強め、さらに普遍的になり、さらに神聖さを高め、固有性を高めようとするなら、それは、われわれが動物以上のものとなり、いわゆる非有機的なもの、無限なるもの、そして宇宙そのものをすみずからのもとに組み入れることによって、はじめて可能になるのである。

世界の新たな姿を開く愛

無限なる全体、みずからを産み出す能産的自然、神秘思想家のいう神――バークリとカントがいう意味での「私」と称しうるものは、これら以外のものではありえない。私とは私自身の原因である。なぜなら、私が世界なのだから。私がまるごとの私であるならば、私は世界なのである。その発展の流れの源泉は、永遠から湧き出ている。連鎖はどこかでとぎれることがない。流れが逆流することはけっしてありえない。しかし、われわれ人間の脳が働かせる表面的な思考は、流れが生まれ出たところの根源に立ちもどって考えなおすことができない。この源泉は、外的に知覚することはできないし、対象として認識することもできない。その流れは、それ自体の内部において、永遠の現在において流れているのであり、生きとし生けるものそれ自体の一部分になっているのだ。

しかし、われわれは、最奥にして至高の場所において、人間精神が証しうるものを、すなわち永遠の声をよく聴き取ることができるのだ。ショーペンハウアーの見事な表現を借りれば、音楽は世界の再現なのである。[44] われわれが無限なるものとなったとき、それはまた自分自身になりきったときであり、みずからの最奥にある基礎を掘り当てたときでもあるのだが、そのときに、われわれは無限なるものを首尾よく見出すことができるのだ。

こうした永遠の感情にいたるもうひとつの途がある。それは、すべてのなかでもっともすばらしい途であり、われわれがたまたま形成された共同社会関係[45]の堕落と利己的な浅薄さにあまりむしばまれていないならば、その途がすべてのなかにあることを知ることができるのである。その途とは、すなわち愛である。愛は、だから、かくも神々しく、かくもあまねく世界を抱きかかえることができる感

44　ショーペンハウアーは、たとえば、『意志と表象としての世界』第三巻五二節「音楽について」で、音楽は「人間のいちばん奥深いところであたかも普遍的な言語でもあるかのように」働くとして、「世界の再現としての音楽」について語っている。「世界の名著」版『意志と表象としての世界』（中央公論社）pp.475-494 参照。

45　「たまたま形成された共同社会関係」の原文は Zufallsgemeinschaft。

情であり、われわれを変えて、星にまで高めてくれるものなのである。

なぜそうなるのか。愛は、われわれの幼年期と祖先の世界とを結びつけ、われわれと愛しい子どもたちとを、ともに宇宙全体と結びつけてくれる絆だからである。われわれを人類と結びつけている共同社会の感情——愛、隣人愛——と、われわれと未来の世代とをつなぐものとなる性愛の感情とが同じ「愛」(Liebe) という名辞で表現されているという事実は、深い意味をもっている。[46]

ああ、愛に触れて総身の震撼を覚えたことのない精神なきものよ。人間を生み出すという行為がもたらす充足感を肌を合わせたときの感情以上のものとしては感じられない人たちよ。男性と女性が知りあうということは、もっとも深い、もっとも激しい世界認識をもたらすものなのだ。それは、われわれにとって最高の、われわれが世界の一部になる体験なのだ。そのとき、世界は新たな姿を現して輝き、二人の人間の間で火花が飛び交う。

新たな共同社会の創造

私は、人間への愛情とわれわれがみずからの根をもって生きることとを関連づけてとらえたが、そのことは、私が最初にのべたことをあらためて照らしだすことになる。それは、われわれ新しい人間と大衆的人間との間を分けている大きな断裂のことだ。それが、私の考察が終局において到達しようとしていた結論につながってくるのだ。その結論とは、われわれは国家によって結び合わされた同胞集団から分離する必要がある、ということである。

これは、私がのべた人間に対する愛と矛盾するものではない。ほんとうは、はっきりしているのだ。現在生活している人間たち――文明化された生活をしている者も、そうでない者のいずれの場合も――その自然的本性や生活基盤においてわれわれと大きく異なっている人たちも、われわれと同じような素性の人たちも――彼らをわれわれの隣人に対するのと同じように愛さずにはいられない。

しかし、その一方で、血縁関係にあるものについては、また別なのだ。彼らは、核心的なところにおいて、またきわめて固有な性質において、われわれと似通っている。そして、われわれは彼らとの間に血のつながりを感じるのだ。われわれは彼らを愛する。しかし、彼らといっしょに生活することはできないのだ。彼らは、彼らなりの人間性をもっているが、それは国家と利益社会によって低劣化され痴呆化された人間性なのだ。彼らは彼らなりの動物性をもっているが、それは偽善と慇懃によって、また卑劣さと不自然さによってひどく歪められ汚された動物性なのだ。だから、彼らは、ほんのたまに訪れる有頂天の瞬間や内心の苦悩にさいなまれる瞬間にも、自分が被った仮面を取り去ること

46　近代キリスト教神学、とりわけプロテスタンティズム神学が、隣人愛のようなアガペーとしての愛と性愛のようなエロースとしての愛を区別し、アガペーを称揚する傾向があるのに対して、ランダウアーが、この両者を結びつけてとらえていることは注目に値する。この問題は、ランダウアーが、人間の生殖を自然の生産としてとらえ、それがVolkの内部結合のもととなって、共同社会を形成する原基の一つになっていると考えていることと関連している。それは単なる民族主義ではなく、旧くからのユダヤの共同体思想に根ざしたものだ。

ができない。そうして、宇宙全体につながる途を、みずから、ほとんど完全に閉ざしてしまったのだ。みずからを神に変えられることを忘れてしまったのだ。

だが、われわれは人間でありたい。われわれは動物でありたい。われわれは神でありたい。だから、われわれは英雄になろうではないか。惨めに道に迷った人類への愛のために、またわれらのあとに来る者たちへの愛のために、最後にわれら自身の内なる至高のものへの愛のために、われわれは大衆的人間のもとから去っていこうとしている。われわれは、われらみずからの生き方を貫き、われら自身の仲間たちとともに歩んでいきたいのだ。われらが生きるために必要なもののために、自分自身の仕事をおこないたいのだ。

国家から遠ざかろう。できるだけ遠くまで。国家なしですませられるところまで。商品と商社から遠ざかろう。俗物性から遠ざかろう。

われら小さき者が、われら一人ひとりが、千年の遺産を継ごうとしている。われら、素朴と永遠を胸に刻んだ者、われら神である者、われらは喜びに満ちて活き活きと働き、人間の生きた規範として、一つの小さき共同社会を創造するのだ[47]。

われらのあらゆる意欲を解き放とう。静寂主義[48]も、行動的活動性も。沈潜も、祝祭の喜悦も。労働意欲も、精神の奢侈も。

そして、はっきりさせておこう。ほかに途はないということを。懐疑を振り捨てるところから、内から整えられた確信が生まれてくる。絶望を通り抜けたわれわれを、至高の創造の喜びが待ち受けている。それをわれわれは望んでいるのだ。すでにみずからそれを体験した者、何年にもわたってそれを経験してきた者は、知っている。われわれのまわりの民衆は、宗教的稟質にふれることを通じてのみ覚醒しうるのだということを。つまり、不言実行の人が、手本となる生き方を示すことによってのみ、目覚めさせられるのだ。このような実行の人は、深い沈潜から高揚をもたらすべく、すべてを整えていくのだ。その人にとっては、沈潜のなかで遭遇する厳しい試練は、すべて生への問いかけとなるのだ。

さあ、始めよう。われらの共同社会生活を創り出そう。随所に新しい生活の拠点を建設しよう。ことばにならないほど低劣な同時代の共同関係からみずからを解き放とう。何よりも、われわれが懐く誇りのゆえに、これら同時代の共生者たちと同じように生きるためにために働くことを潔しとしないのだ。そして、そのように生きるために、われらが頭脳の産み出す極上の贅沢品や、あるいはその副産物として産まれる余分の屑を売ったりすることを潔しとしないのだ。

47　このような共同社会形成の思想には、中世キリスト教異端の再洗礼派（アナバプティスト）との共通性が見られる。彼らは幼児洗礼を通じて万人を教会に自動的に組み込んでいく公認キリスト教社会から意識的に分離し、新しいみずからの信仰共同体を形成した。現代のアーミッシュはこれに源流をもつ。

48　Quietismus。フランス語でいう quiétisme（キエティスム）のこと。カトリシズム潮流のなかに生まれた思想で、徹底した受動性をもって魂の内面に沈潜し、神と魂との合一をめざす。のちにクェーカーやメソディストなどプロテスタンティズムの潮流に受け継がれた。また、マイスター・エックハルトの離脱による神人合一思想との共通性も注目される。

労働を習得しよう。肉体労働を。そして生産活動に取り組もう。それから、われらの愛する人の子らに、われらの精神が咲かせる選り抜きの精華を贈ろう。新しい世代を探し集めよう。深刻な魂の渇望から言葉を探しあぐねている新しい世代に、われらの言葉をもたらすのだ。

分離を通じて共同社会へ——それは、こういうことだ。全存在を賭けるのである。全体的人間として生きるために。権威に依拠した卑俗な共同関係の浅薄さから身を遠ざけるのだ。そこから、世界共同社会（Weltgemeinschaft）の深みへと向かうのだ。その深みとはわれわれ自身なのだ。人類共同社会（Menschengemeinschaft）を創造しよう。それは、われわれ自身とすべての世界とにかかっている。

この呼びかけは、これを受け容れる用意のあるすべての人たちに向けられている。

（一九〇〇年六月一八日　ベルリン・フリードリッヒスハーゲンにて）

【訳者解説】

社会再生のための世界認識を求めて

大窪一志

一　再生の世界認識

近代哲学の世界認識の超克

グスタフ・ランダウアーは、ヨーロッパ近代のゆきづまりが色濃くなり、新しい革命が胎動していた一九〇七年、次のようにのべた[1]。

革命ではなく再生と呼ぶのがふさわしいような形で、精神がやってきて我々をとらえるのか、あるいは、我々がもう一度、いや二度ならず何度目か、革命の洗礼を受けに降りていかねばならないのか……束の間においてもたらされる再生なくしては、我々は、生きつづけていくことはできず、ただ没落していくしかないのである。

そして、その後まもなく近代の理想を微塵に打ち砕くようなかたちで世界初めての諸国民総力戦、第一次世界大戦が勃発、続いてロシア革命が起こって、それがドイツ革命やハンガリー革命に飛び火し、ヨーロッパは「革命の洗礼を受けに降りていった」のだった。しかし、その革命は「再生」を内

1　グスタフ・ランダウアー〔大窪一志訳〕『レボルツィオーン 再生の歴史哲学』（同時代社、二〇〇四年）p.153

Gustav Landauer

にはらむものではなかったが故に、「没落していくしかない」のだった。

それは前期近代の終わりであった。

いま、われわれは、そのときと違ったかたちにおいてであるが、またもや近代原理の深刻なゆきづまりに直面している。社会の頽落は深まっているのに、革命の胎動はない。後期近代も、このまま没落してゆくのか。「再生」をもたらす精神はやってこないのか。

そのなかで、われわれは「再生の世界認識」を説く、ランダウアーのこの著作から何を読み取らなければならないのか。

だが、ここで、ランダウアーが、社会再生をめざす自治社会建設の思想的立脚点を明らかにするために、なぜ世界認識のありかたと言語のありかたを問題にしたのか、それは、あまりにも迂遠なものに思われるではないか、という疑念が生じるであろう。

それをここで簡単にいうことはできない。だが、少なくとも次のことはいうことができるし、いっておかなければならない。ランダウアーは、この二〇世紀が始まる時点で、もはや近代的思考様式によって新しい時代を創っていくことはできないことを悟っていたのだ。近代的思考様式にもとづいて自己をとらえ、世界をとらえているかぎり、再生された新しい社会には、どんなに求めてもたどりつくことができない。

近代革命はカントの『純粋理性批判』によってこそ推進することができたのだ、とランダウアーは考えていた。彼は、『懐疑と神秘思想』のなかで、

カントの『純粋理性批判』は、私の見るところでは、単にロマン主義者たちのみならず、一八三〇年と一八四八年における革命的変革とも因果関係をもっているのではないか、と思われるのである。そして、それと同じように、私にとっては、懐疑と根源的否定を追求することを通じてマウトナーが成し遂げた偉大な著述は、新しい神秘思想と新しい急進的行動の先駆を告げるものだと思われるのだ。

とのべている。

だが、このように、近代革命を思想的に領導したカントのような世界認識・自己意識は、もはや生きた世界を抹殺する企てに導かれていくしかなくなっている、と考えるようになっていた。そして、それに代わって、新しい思考様式が胚胎しはじめているのではないか、とランダウアーは考えた。

しかしいま、ついに生がこれ［カント哲学］に抵抗して頭をもたげ、逆に死んだ概念を抹殺しようと起ち上がったのである。かくして、死者がさらに死ななければならないことになっているのだ。

こうして、絶対的なかたちでの世界の解明、その苦渋に満ちた虚しい探求に代わって、新たにとらえられて歩まれる世界像は、それぞれが異なっていて、かつたがいに相補いあうかたちで進んでゆくことができるのである。

と彼はのべている。

この新しい思考様式にはっきりしたかたちをあたえることが、近代をのりこえて新しい社会を構想していくうえで是が非でも必要であるというのがランダウアーの考えであり、それが自分が果たすべき役割なのだと自覚していたのである。

そして、いままた同じような情況が世界を覆いつつあるのではないか。ただし、ランダウラーの時代の「世界戦争か世界革命か」ではなく、「世界頽落か世界再生か」が問われているのである。そこが違うのだが、それでも、そこで覆されなければならないのは、やはり同じ有効性を失った近代の思考様式であり、求められているのは新しい思考様式なのである。

ランダウアーが、この新しい思考様式のために依拠したのが、言語批判におけるフリッツ・マウトナーの思想であり、世界認識におけるマイスター・エックハルトの思想であった。この二人の思想家から学びながら、というより彼らとの協働作業を通じて、近代をのりこえて新しい社会を構想する思想的立脚点を構築しようとしたのが、『懐疑と神秘思想』なのである。

意識の専制からの解放

『懐疑と神秘思想』のエピグラフとして引用された文章で、クレメンス・ブレンターノ、マイスター・エックハルト、プロティノス、モンベルトによってこもごもにのべられているのは、いずれも、世界と自己、事物と精神、世界と魂などのように、二項対立としてとらえられていたものにおいて、その二項を一体化しようという思想である。そして、その一体化された境地、その境地が拓く地平に見えてくるもの、その魅惑的な情景がそれぞれに描かれている。

それは、モンベルトの詩によれば、深みから新たに昇ってくる太陽に照らされながら、竪琴でこれまで聴いたことのない曲を弾いている人間の姿である。

この魅惑的な情景は、どんなふうにしてできあがっているものなのか。そして、どんな意味をもっているのか。それをランダウアーが描いたのが、冒頭で語られている「鎖につながれて飛んでいる男」の寓話である。

『懐疑と神秘思想』
初版中扉

世界は、鏡のようにその前に立つ男自身を映す黒い山の背後に押し込められてしまった。男自身が押し込めたのだ。世界を背後に押し込めた山に映っている自己と、それを見ている自己。映っている自己のなかに押し込められてしまった世界と押し込められる前の世界。この二重の自己と二重の世界が、人間の意識が背負う宿命なのだ。

男は、ここで、映っている自己の内に沈潜し、それを通じて世界の内に沈潜していくことによって、それぞれの二重性を解消して、それを通じて世界と自己、事物と精神、世界と魂を一体化しようとする。

そのとき、黒い山から、すなわち押し込められていた世界から、鎖が出てきて、外にいる男を縛りつける。声がいう。「お前がまだ考えているからだ」「まだ答えを返そうとしているからだ」と。この言葉は、自己の二重化と世界の二重化の根源は、意識の専制、すなわち考えること、それによって答えを返すことを通じてしか物事を処理できないようになっている体制にあるのだ、ということを示しているのである。

男を縛っている鎖は、意識の専制が行使する拘束である。男が考えて、答えを返そうとしているかぎり、この拘束から解き放たれることはない。だが、男は、鎖に拘束されたまま、宙に浮き、高く高く、遠くの方へ飛んで行く。男は、自分が夢を見ているのだということに気づく。男の前に立つ黒い山、そこに映っている自分、それは、自己のなかに押し込めた世界と、世界を押し込めた結果その世界にくっついた自己の像なのだ。そして、それ全体が夢なのだ。

この自己のなかに押し込められた世界とは、心理学者のジュリアン・ジェインズの言葉を借りれば、意識によって「心の空間」（mind-space）のなかに「空間化」（spatialization）された世界であり、ここでは時間領域で起きたことが抜粋されて、その抜粋されたものが空間的に並べられて、「物語化」（narratization）される。[2]この空間化され物語化された世界においては、そこで活動する私は「アナログの私」（analog 'I'）であり、「比喩の自分」（metaphor 'me'）なのだ。

この心の空間のなかにある物語化された世界を体験することを、ランダウアーは、「夢」だといっているのだ。「世界を一つの像に仕立て上げようとしたときに、自分は夢を見ているのだということに気づく」と彼は言っている。

それなら、そんな「私」ではない「アナログの私」、「自分」ではない「比喩の自分」が体験する「現実の世界」ではない「夢の世界」を探求し、それを伝えようとすることは、意味のないことではないのか。

そうではない、とランダウアーはいう。

夢は錯誤ではない。幻想ではあるが、錯誤ではない。幻想と錯誤は区別されなければならない。幻想は現実ではないが、現実をとらえる有力な手段である。いま、かつて堅く信じられていた理念、聖なる目標、そういったものが崩れ去ってしまった以上、むしろわれわれは幻想と夢から出発すべきなのだ。「まずもってまともな夢と空想に浸る」ことを通じて「もはや安定した足場も基盤も失われた場所に、いまやわれわれを支える柱が打ち込まれるだろう」とランダウアーはいっている。

2　Julian Jaynes, *The Origin of Conciousness in the Breakdown of the Bicameral Mind*, 1976, pp.59-64

世界を観て取ることから世界を聴き取ることへ

また、これに関連して、ランダウアーは、ジェインズのいう「心の空間のなかに空間化され物語化された世界」というものが近代哲学の世界認識の基本的な枠組みになっていると見ていた。そして、そのように時間・空間・物がそれぞれ独立して存在し、その三つがそれぞれ存在するものの存在枠組みになっているととらえる近代哲学・近代科学通有の見方ではなく、時－空－物が相互に連関しあい、相互に転換しあう全体をなしているとする見方を対置していたのである。

それは、物理学というまったく別のアプローチから同じような結論に達したアインシュタインの相対性理論やシュレディンガーの波動力学につながる世界認識だったといえるだろう。特殊相対性原理が発表されたのは、『懐疑と神秘思想』が刊行された一九〇三年の二年後だったたし、波動力学が確立されたのはそれから二〇年以上経ってからだった。

ランダウアーは、「時間を空間の第四次元に高める」ことも「時間は空間の特性である」とすることもできる反面、逆に「空間は時間の特性である」とすることもできるのであって、それは時間・空間・物という枠組みが人間にとっての外部領域と自我意識とを媒介するものとして設定されたものにすぎないからである、とした。

そして、時間を空間化してとらえる世界認識が生きた世界を抹殺するような働きをしているのに対して、むしろ空間を時間化してとらえる世界認識への転換を示唆している。時間の空間化とは視覚優先であり、空間の時間化とは聴覚優先である。だから、ランダウアーが唱える転換は、「世界を観て取ることから世界を聴き取ることへ」の世界認識の転換となるのである。これは、一九六二年に『グーテンベルクの銀河系』で視覚優先から聴覚・触覚優先への転換を唱えたマーシャル・マクルーハンの先取りともいうべきであろう。

そのようなことを考えれば、ある意味では、ランダウアーの企ては近代によって損なわれたものを再生する営みであったと同時に、いま新たな原理にもとづきながら近代をのりこえていく超克につながってゆく営みでもあるといえるのではないか。

フリッツ・マウトナーの言語批判

だが、「まともな夢と幻想に浸ること」が大事だといっても、当然のことながら、ただ幻想と夢のなかをさまよい歩いても、みずからのありかたと世界についての認識を獲得することはできない。さまよい歩くのではなく、しっかりとした指針が必要である。その指針とは何か。

意識が世界を空間化し物語化するのは、言語を通じてなのだ。「考える」とは「言語を通して考えること」となのだ。この言語のありかたを見極め、そこに潜んでいる罠を見つけ、新たな足場を創り出すこと、それが求められているのである。

そこに、ランダウアーがマウトナーの『言語批判論』を通じて世界をとらえる新たな足場を見つけ出そうとしていった理由があった。そして、それは、カントの『純粋理性批判』の視点が近代革命の根底を指し示すものとなったように、近代をのりこえる新しい社会思想と新しい急進的行動の先駆を

Fritz Mauthner

告げるものになるだろう、と考えたのである。

マウトナーの『言語批判論』の論点については、『懐疑と神秘思想』のなかで適宜取り上げられ論評されているのでそれを丁寧につないでいけばわかるが、日本ではマウトナーの著作は翻訳されておらず、研究も非常に少ない[3]ので、少し紹介しておこう。

フリッツ・マウトナーは、一八四九年にオーストリア＝ハンガリー二重帝国統治下の現在のチェコ領内ボヘミア地方に生まれたユダヤ人である。幼い頃からチェコ語、イディッシュ、ドイツ語、ヘブライ語など多くの言語に接し話してきた多言語使用者（Multilingual）であった。

そうした言語体験と言語研究のなかから、言語というものは、論理にもとづいて構築された体系ではなくて、それぞれの生活圏において生活者の経験にもとづいて慣用されるなかで出来上がっていき変化してきたものだととらえるようになった。

そのようなとらえかたを決定的にしたのは、ベルリン大学でのエルンスト・マッハとの出会いであった。マウトナーは、マッハの講義を聴いて、彼の「要素一元論」に傾倒した。それは、人間が認識している世界とは、主体としての自我に客体としての自然が反映されたもの（唯物論のとらえかた）でも、主体としての自我が客体としての自然を構成したもの（観念論のとらえかた）でもなくて、さまざまな感覚の要素の複合体をもとにしたものであり、人間の世界認識とはそうした要素複合体をみずからが環境に適応するために組み立てる生命活動の一環であるとするものであった。[4]

そうした自然観・人間観にもとづきながら、マウトナーは、もともと生物の生命活動としての環境対応であった言語が、それを超えて抽象的概念を生み出し、それを構成する認識体系をつくりだすことによって、感覚の要素からなる感覚的世界ではなく、言語によって構成された理性的世界をつくりだし、その疎外された世界をもって世界だとするようになった、ととらえ、そのような疎外された世界から生きて働く世界にもどるために、全面的な言語批判をおこなっていったのだ。

その批判は、言語を概念体系や悟性作用の働きと重ねてとらえるのではなく、人間の生の過程において、その生に根ざしたものとしてとらえなおすことをめざすものであった。客観的世界をすべて十全に認識することができる主体的力能をもった人間が、客観的認識の結果として成立させるのが世界認識であるというのが近代認識論の枠組みであったが、そこから脱却しようとしたのだ。それは、生

3　マウトナーの言語批判に関する論考としては、僕が読んだかぎりでは、日本語文献では次の二つが有益だったので、参考までに挙げておく。

西村雅樹「フリッツ・マウトナーの言語批判」（『言語への懐疑を超えて』東洋出版、一九九五年所収）この書では、他の論文でもマウトナーの言語批判を生んだ世紀末ドイツ語圏の意識状況を探っていて興味深い。

嶋崎隆「『オーストリア哲学』の独自性とフリッツ・マウトナーの言語批判」（『人文・自然研究』6号、一橋大学、二〇一二年）この論文は、のちに嶋崎隆『《オーストリア哲学》の独自性と哲学者群像』（創風社、二〇一二年）に改稿収録されたが、筆者が読んだ論文を挙げておく。

4　エルンスト・マッハ［須藤吾之助・廣松渉訳］『感覚の分析』（法政大学出版局、一九七一年）参照。原著は、*Die Analyse der Empfindungen und das Verhältnis der Physischen zum Psychischen*, 1885.

命活動としての働きを超えた言語の使用を通じてつくりだされた世界認識が人間を生の過程から疎外してしまった、その疎外からの回復を図るためであった。

また、マウトナーは、言語は論理体系をなしているのではなく、その整合性はとりあえずのゲームの規則として成り立っているにすぎないのであって、それは経験に応じて変わっていくものだ、ととらえていた。したがって、言語を通してとらえられた世界は、仮象でしかありえず、その仮象を超えた世界は、言語を通してはけっして姿を現してこない、としている。仮象を超えた世界認識は、言語を通して悟性から理性へという途をたどっていく分析と総合によってではなく、直観によってこそとらえられるのだ、

マウトナー『言語批判論』原著第二版

というのがマウトナーの理解であった。このことは、マウトナーを、ランダウアーが以前から研究していたマイスター・エックハルトに向かわせることになっていった。

ランダウアーは、マウトナーのこうした考え方を受け継いでいる。受け継いでいるというより、すでに一八九〇年代から哲学者のマルティン・ブーバーらとともにマウトナーと密接な意見交換をおこない、『言語批判論』をまとめるのにも助力していたのだった。だから、マウトナーの言語批判については、いくつか重要な違いは見られるものの、ほとんど一体化していたといっていいだろう。そして、そのマッハからマウトナーに受け継がれた新しい世界認識から「再生の世界認識」を探っていこ

うとしたのが、この『懐疑と神秘思想』という論考なのだ。

唯物論と観念論の堂々巡りを超える

さて、近代的世界認識のありかたにもどって考えを進めていこう。

カントは、みずからが建てた純粋理性には矛盾が存在することを認めていた。彼はそれを「純粋理性の二律背反」(Antinomie der reinen Vernunft)と呼び、これは理性が宇宙＝秩序(コスモス)体系を認識の対象とするという根源的な試みに挑むことによって必然的に引き起こされる解きがたい矛盾(アンティノミー)だとして、むしろ、積極的に評価した。

そして、物自体の世界と現象の世界を区別することによって、このアンティノミーをのりこえようとした。たとえば、「世界におけるいっさいは単純なものからなる」という命題(定立)と「世界にあるものはすべて複合的である」という命題(反定立)は、ともに成り立ち、たがいに矛盾するということになるが、定立のほうは物自体の世界ないしイデアの世界において成り立つことであり、反定立のほうは現象の世界ないし経験の世界で成り立つことであるととらえれば、このアンティノミーはのりえられるというわけである。

これに対して、マウトナーおよび彼を支持するランダウアーは、このような物自体と現象、イデアと経験といった分離をおこなわなければならないところにこそ、純粋理性なるものの根本的問題点があると考える。「永久に流動するもの、概念化できないもの、したがって把握することができないものを、みずからが立てた硬直した諸概念によってうまく取り扱っていこうとする」という無理なやりかたを採るから、こういうことになるのだというのである。

物自体・イデアの世界と現象・経験の世界とを分離した結果、カントは、一方では、物を物を通じて説明すること、他方では、物を人間の感覚から生まれるものとして説明すること、この二つをけっして交わることなく並行して追求していくことになるのだ、というわけだ。

カントのいう「純粋理性の二律背反」論に対しては、それを墨守する新カント派だけでなく、カントに批判的なヘーゲル＝マルクス系列の哲学も、高く評価し、カントが理性とコスモスとの間の矛盾としてとらえたものを、存在そのもの、自然そのものに内在する矛盾としてとらえかえしている。そして、その矛盾の弁証法的展開を思弁していく。だが、マウトナーやランダウアーは、カント＝新カント派系列もヘーゲル＝マルクス系列も、彼らそれぞれの概念的把握の硬直性によってコスモスや存在をつかもうとするから、矛盾に陥らざるをえないのだと考えたのである。

ランダウアーは、本書のなかでよりはっきりといっているが、認識論においては、観念論と唯物論のどちらが正しいかということが問題なのではなく、この二つを折衷したり混在させたりすることが問題なのだという立場である。カントは、確かに、物自体・イデアの世界と現象・経験の世界とを折衷したり混在させたりしてはいない。だが、並行させて、ある場合はこっち、ある場合はあっちと使い分けることになっている。

世界というものを、外部世界も内部世界も、先験的な範疇をもとに人間によって構成されたものとしてとらえることによって、世界認識は、一方では物によって規定されているとしながら、その物は「物自体」ではなくて、「構成された物」であるとする。また他方では、世界認識は、物に規定されながらも、その物の態様自体が認識主体がもっている時間・空間という先験的な形式において初めて成り立つものなのだから、その意味では主観的なものであるとする。要するに、堂々巡り、自己撞着になってしまう、とランダウアーはいう。

そして、この堂々巡り、自己撞着を逃れるには、カントのように純粋理性を批判することでは足りず、理性そのもののありかたを批判しなければならない、というのである。そして、理性そのものを批判するには、理性を抽象的にとらえて批判するのではなく、理性が常にそれを通してみずからの理を働かせている「言語」というものを具体的に批判することが必要だという。

この点を、わかりやすく一言でいっているのがマイケル・ポラニーで、『暗黙知の次元』で、「我々は語ることができるより多くのことを知ることができる。」とのべている。[5]

世界を言葉を通して認識するには、事物を指し示して命名するという方法、「直示的定義」(ostensive definition)をとらなければならない。そのとき、その定義はけっして全面的なものになることはできず、部分的なものに限定されざるをえない。その限定された指示を想像力によって補わなければならないのだが、人間は、事物に対して、部分的なさまざまな特徴をそれぞれに明示的にとら

5 マイケル・ポラニー［佐藤敬三訳］『暗黙知の次元』(紀伊國屋書店、一九八〇年) p.15

えて、それらを組み合わせることを通じてではなく、その事物を直接感知する（aware）ことによってこそ全体的特徴を認識することができるのだ。[6] このような知をポラニーは「暗黙知」（tacit knowledge）と呼ぶのである。

マウトナーも、同じように考えている。

世界はわれわれの上に流れ込んでくるのだが、それに対して、われわれがたまたま持ち合わせている感覚にはいくつかみすぼらしい穴が開いていて、われわれは、その穴を通して、流れ込んでくる世界からつかめるものをつかみ、そのつかんだものを言語として表し、それによって認識したとするのだとマウトナーはいう。言語を通して理性によって概念として把握された世界は、みすぼらしい穴を通して流れ込んできた限られた部分を、それぞれ固定してしまい、それらを結びつけて作り出された世界にすぎないのだ、というわけである。

事物に対して、まずそれに名詞という形態を押しつける。そして、その事物の特性については形容詞という形態を押しつけ、それらの間の相互関係については人間が懐く印象を人間自身と関連づけるやりかた、つまりは動詞の形態を押しつける、というのが言語を通した認識だというわけである。

これに対して、「われわれの神経がみずから関わったものについて知る内容は、神経の所有者であるわれわれがおぼろげに知る内容よりもずっと豊富だし、われわれの意識が知り、言語がつかむ内容よりもずっと豊富なのである。世界は言語のないところに成立している。」というのが、マウトナーの世界に対する見方である。これは、ポラニーの暗黙知というとらえかたと同じである。

ランダウアーは、このようなものであるマウトナーの言語批判を通じて、世界認識の方法を探っていこうとするのだ。

二項対立を超える

ランダウアーは、この著作で、近代的思考においてはたがいに切り離され、二項対立としてとらえられてきた宇宙と自己、事物と精神、世界と魂といったものを一体のものとしてとらえかえす途を探求していくわけだが、その途は、近代的思考において認識の対象だとされてきた世界（あるいは宇宙・事物）の側から通じている途と、認識の主体だとされてきた自己（あるいは精神・魂）の側から通じている途との二つが考えられる。

そして、ランダウアーは、この二つの途のうちから、自己からの途、「みずからの内面に穿たれた坑道を登る」途を選ぶ。この途をたどることを通じて、人間の内部にある魂が無限の宇宙のひとつの現象形態であることを示そうとする。それによって、自己と世界は合一化されると考えたのである。

この途を追求してゆくうえで、ランダウアーは、バークリ、カント、ショーペンハウアーが指し示した途を進んでゆかなければならない、という。なぜか。カントについては、すでにのべた。ランダウアーにとって、カント哲学は大きな意義をもったが、同時に、その欠陥は、近代が熟してくるとともに限界を露わにしていったのだった。

6　同前 pp.17-18

そのような欠陥の露呈による限界を突破すべく新たな探求をおこなったのがショーペンハウアーだった。ショーペンハウアーは、『意志と表象としての世界』（*Die Welt als Wille und Vorstellung*）で、カントを受け継いで、世界を時間・空間・範疇によって構成された「表象」としてとらえたが、同時に、物自体を不可知としたカントと違って、世界を了解しようという「意志」が「表象」を超えて直接的意識において世界の本質をとらえることができるとしたのである。ランダウアーは、ニーチェと同じように、このショーペンハウアーが開いた途をたどっていこうとする。

ドイツ哲学、特にショーペンハウアー、ニーチェの哲学に親しんできたランダウアーにとって、これは当然ともいえるが、ここで注目されるのは、イギリスの経験論哲学者であるバークリを挙げていることである。

バークリは、「存在するとは知覚されることである」（esse est percipi）とする知覚一元論を立て、心を離れた物の存在を認めない徹底した観念論の立場を採った。これは、すでにみたように、唯物論を採るのせよ、観念論を採るにせよ、折衷してはだめだ、唯物論ならすべてを唯物的に、観念論ならすべてを観念的にあつかわなければならないというランダウアーの立場に合致するものである。

また、バークリは、カントのように知覚されないものとして物自体を考えるような不可知論を否定して、存在するものは知覚されるものだけだとし、さらに重要なこととして、知覚一元論が自我の存在のみを認める「独我論」（solipsism：Solipsismus）になることを否定し、観念というものが自我の随意によってだけ生起するものではないことから、他我の存在、さらには自我・他我の恣意を超えた秩序の存在を認めていた。このような点が、ランダウアーの探求と重なりあうところをもっていたのだと考えられる。

バークリの知覚一元論と独我論否定に沿うように、ランダウアーは、自我の固有性から出発し、そのことがほかのあらゆるものの実在性を否定することになるのを認めながら、同時に、自我の固有性に閉じこもってしまうのではなく、そこに依拠しながら世界への途を開いてゆくことをめざすのである。つまり、すべての自然的態度としての唯物論・観念論が大なり小なり陥らざるをえない折衷を排除しながら、同時に自己というものがもつ確実さを前提にすることをも排除するのだ。

そこに現れるスタンスは、自分自身の内的感覚にもとづく意識をもって新しい世界を建てるのだが、そのとき建てたものが立つ基盤は自我の内にあるのではなく、そこには一つの必然性があるだけなのだ、というかたちをとる。バークリの場合、その「必然性」は神というものとしてとらえられるわけだが、ランダウアーの場合、さしあたり、そうではない。それがどのようなものになるのかは、これからの探求のなかで明らかになってくるであろう。

その必然性は、さしあたりどう働くか。ランダウアーはいう。「私は世界を認知し、その世界に自我を委ねる。しかし、それは、自己を世界に解消するためではなく、自己をみずから委ねた世界を、自己を受け容れたものとして感じ取るためなのである。」これはどういうことか。

ランダウアーは、自我の知覚から出発したが、自我の独立し孤絶した実在性を否定することによって、出発点であった自我を殺す。だが、それは自我を活かすために殺したのだ、とランダウアーはいう。だから、依然として自己の内に穿たれた途をたどっているのだ。「自我は「孤絶したものとしては」死んだが、それによって「自我は」世界のなかで生きることができるようになったのだ。」

自我はそれ自体としては死んだが、出発点としての自我は没却されたわけではない。それは、世界を認め、世界にみずからを委ねる自我となったのだ。そして、そのような自我の変容は、同時に、世界というものを自我を受容してくれるものとしてとらえなおすことに通じている。「自己を世界に解消するためではなく、自己をみずから委ねた世界を、自己を受け容れたものとして感じ取るためなのである。」自己の変容とともに、世界も変容するのだ。ここにおいて、自己を変容させることなしには世界も変容することはないという認識が、おのずから導き出されてくるわけである。これは大事な点である。

このような同時変容――「世界にみずからを委ねる自我」への変容、そのような「自我を受け容れる世界」への変容――をもたらす力は、どこから生まれるのか。それは、近代的思考が自己―世界関係を打ち立てるのに使った抽象化と概念的思考の力ではない。そのような力は、むしろ生きた世界を抹殺する企てに資するものでしかなくなっている。それに代わって、新しい自己―世界関係を打ち立てる力は、「われわれの内にあるさまざまな力を凝縮して結集する」ことによって、「宇宙のすべてをわれわれの力の及ぶ範囲に引きつけ、引き入れる」ことによってもたらされるであろう、とランダウアーはいう。

それは、いまだ漠然とした言い方でしか表わされていないが、ショーペンハウアーがいったような

「生の意志」の力なのだ。それは、自我の自然的な意志ではなくて、みずから世界に投企する――「水に身を投げる自殺者のように、私は真っ逆さまに世界に向かって身を投じる」――そうした自己の超越への、したがってまた根源への意志なのである。この超越が即根源に通じるというとらえかたは、これまた大事なポイントである。

自由連合の哲学的基礎

このようにして、それぞれの個人が、みずからの生の意志によって、みずからと関わる固有の世界をつくりだしていき、しかも、それが自我に閉じこもったものではなく、ひとつの必然性ないし必要性――原語の Notwendigkeit は必然性とも必要性とも訳されうる言葉だ――に裏づけられたものとなっているならば、その世界とはどのようなものになりうるか。

ランダウアーは、それが「ありのままの」世界ではないことを認めている。同時に、それは「私だけの」世界でもない。私の世界ではあるが、私だけの世界ではない。「われわれの世界」なのだとランダウアーはいう。ただし、共有された同じ世界、共通の世界ではない。「それぞれが異なっていて、かつたがいに相補いあうかたちで進んでゆく」複数の世界像の複合として現象する世界像がそこに成立しうる。これがアナキズムの自由連合が基礎においている世界像なのである。

個々人においては、また個々の局面においては、自由に自然発生する世界像が、連合してわれわれの世界を形成する――それはもともと個々人の知覚にもとづいて、それのみを通じてつくられた世界像だったのに、なぜそうなるのか。ランダウアーは、それが、自発しながら連合することで、「われわれの自我感覚の助けをかりて、感覚を超えたものの領域に到達しようとするもの」なのだ、といっている。このことによって、それはわれわれの世界になるのだというのである。このことについては、もっといろいろなかたちで明らかにしてゆくべき、重大なポイントである。ただ、ここでランダウアーが示唆していることだけは、はっきり記憶しておかなければならない。

世界をして、われわれの内を通過させるのだ。通過させる前に、世界がわれわれの内を通っていくときに、われわれがみずからの内で世界を感じ取り、世界を体験する準備ができている状態を創り出しておく。そうすれば、逆に、世界によってわれわれが把握され、理解されることになるのである。

これからは、われわれは世界の媒体になる。働きかけると同時に働きかけられるものとして一つになるのだ。これまでは、われわれは、世界を人間精神に変換することで満足していた。これからは、われわれ自身を世界精神に変換するのだ。

これが、実は、ランダウアーが追求するアナキズムの自由連合の哲学的基礎にほかならないのではないか、と思うのだ。この点を、いったん世界認識の面を離れて、社会思想の面から検討してみよう。

二　分離と共同

「分離・結合」論と「分離・共同」論

グスタフ・ランダウアーが一九〇〇年から一九〇二年までの間に発表した、たがいに内的連関をもった諸論考――それらをその内的関連性を軸にまとめたのが『懐疑と神秘思想』である――のなかには、多くの注目すべきメッセージがこめられているが、なかでも実践的な視点から注目されるのが「分離を通じて共同社会へ」(Durch Absonderung zur Gemeinschaft) というメッセージであった。

この「分離を通じて共同社会へ」という言葉を目にして、反射的に脳裏に浮かべたのは、「結合するにはまず分離しなければならない」という命題であった。

一旦みずからを強く結晶するために、「結合する前に、まずきれいに分離しなければならない。」
(Bevor man sich vereinigt, muss man sich reinlich scheiden.)[7]

7　福本和夫「『方向転換』はいかなる諸過程をとるか、われわれはいまそれのいかなる過程を過程しつつあるか」、『現代日本思想大系21＝マルキシズムⅡ』(筑摩書房、一九六五年) p.74

Georg Lukács

Karl Korsch

ドイツ語まで付して、この命題をことさらに強く押し出したのは、一九二〇年代前半、日本のマルクシズム理論戦線に彗星のように現れた福本和夫であった。そして、この命題が登場したのは、一九二五年、山川均の「無産階級運動の方向転換」を全面的に批判した『「方向転換」はいかなる過程をとるか、われわれはいまそれのいかなる過程を過程しつつあるか』という有名な論文においてであった。この批判を契機に、日本のマルクシズム理論は、いわゆる山川イズムから福本イズムへと大きく転換していくことになった。

このいわゆる「分離・結合」論は、いま引いた文言——実はレーニン『なにをなすべきか』が打ち出した命題——にもとづくものであったが、福本は、この命題を支えるみずからの思想を、留学先で接したジェルジ・ルカッチ、カール・コルシュの理論の影響のもとに形成したといわれている。

ランダウアーと福本の理論とは直接関係がない——レーニン理論を媒介にして間接的には関係している——が、ルカッチとコルシュの理論とは関係があった。ルカッチらの理論は、ある面において、ランダウアーを継ぐものであったのだ。

一九一七年のロシア革命は、ヨーロッパ革命に波及することが期待され、またそれが革命ロシアが生き残るうえでの鍵になるとされたのであったが、その来るべきヨーロッパ革命の発火点として期待されたドイツ革命、ハンガリー革命は、いずれも成功せず、相次いで鎮圧された。そして、このとき樹立された、ミュンヘンレーテ共和国の中心になったランダウアーは、反革命義勇軍によって殺害されたのであった。

それぞれドイツ、ハンガリーの革命に参加したコルシュとルカッチは、この敗北の教訓に立ちながら、当時のマルクシズムの二大潮流、ドイツのカウツキーらの社会民主主義とロシアのレーニンらのボリシェヴィズムの双方を批判しつつ、新たな理論を打ち出したのであった。それが、ルカッチ『歴史と階級意識』の「階級意識形成」論であり、コルシュ『マルクス主義と哲学』の「社会化とレーテ」論であった。レーテ（Räte）とは日本語では評議会と呼ばれるものである。これらはいずれも、一種の「分離・結合」論であった。

ランダウアーの「分離を通じて共同社会へ」が講演で発表されたのが一九〇〇年、ルカッチ『歴史と階級意識』、コルシュ『マルクス主義と哲学』はいずれも一九二三年、福本の「『方向転換』はいかなる諸過程をとるか」は一九二五年に発表されている。これらの革命理論の新しい波の核心にある認識は、その二〇年前に出されていたランダウアーの基本的方向を継承したものだったのだ。

そもそもランダウアーらのミュンヘンレーテ共和国は、そうした思想にもとづきながら、社会民主主義とボリシェヴィズムの双方から距離を置き、コルシュの構想につながるようなレーテ運動を展開したものだった。ランダウアーの「分離・共同」論は、そのレーテ運動の原点の一つをなすものであり、そこにおいてルカッチの「階級意識形成」論、コルシュの「社会化とレーテ」論と内的な結びつきをもつものだったのである。

とはいっても、その結びつきは、全面的なものではなく、むしろ多くの違和を含むものであった。もともと、ランダウアーの「分離・共同」論は、レーニンの「分離・結合」論と鋭い対立をなすものであった。というより、レーニンの『なにをなすべきか』（一九〇二年）が、ランダウアーらの見解と親和性をもったロシアのナロードニキ主義者の「自然発生性への拝跪」を批判してみずからの党派の「目的意識性」を建てようとするものであったのだ。そこには、対立関係が主要な側面であった。

外発的結合と内発的共同

レーニンの「分離・結合」論は、労働者階級は、自分たちの力だけでは「組合主義的意識」しか生みださないから、みずからの解放への道を進むことができないのであり、したがって、そうした労働者の自然発生的成長とはまったく別に革命的インテリゲンツィアによって創り出された理論にもとづく「目的意識性」の結晶が必要だとするものであった。そして、みずからを強く結晶するためには、まずきれいに分離しなければならない、というわけである。[8] そして、レーニンは、この「目的意識性」自体も、労働者階級の内から自然発生的に醸成されるのではなく、外部からもちこまれなければならない、としたのである。[9]

ランダウアーも、みずからを前衛と認じていたし、大衆との距離は途方もなく大きいとして、みずからを大衆のなかに溶解させることなく分離することを主張している。だが、それは、外部注入する前衛を結晶させるためではなかったし、その外部注入によって労働者を階級的に結合しようとするものでもなかった。そうではなくて、大衆から分離したみずからをあくまで単独者として自己自身のなかに沈潜させ、それを通じて、個人がその最奥の本性から共同性につながる契機を、みずからのなか、みずからと結びつく人たちのなかに見出すためであった。

つまり、レーニンの「分離・結合」論は、外発的な結合体をめざすものであり、ランダウアーの「分離・共同」論は、内発的な共同態をめざすものであったのだ。そして、ルカッチの「階級意識形成」論、コルシュの「社会化とレーテ」論は、いずれも外発的ではなく、内発的な協同態ないし結合体をめざそうとしている点で、ランダウアーの「分離・共同」論と共通していた。

8　レーニンは、『なにをなすべきか』で、「労働者階級が、まったく自分の力だけでは組合主義的意識、すなわち、組合に団結し、雇い主と闘争をおこない、労働者に必要なあれこれの法律を政府に発布させるなどのことが必要だという確信しかつくりあげえないことは、すべての国の歴史の立証するところである。他方、社会主義の学説は、有産階級の教養ある代表者であるインテリゲンツィアによって仕上げられた哲学・歴史学・経済学上の諸理論のうちから、成長してきたものである。」（レーニン三巻選集（1）、大月書店国民文庫 p.196）として、したがって、マルクスやエンゲルスのようなブルジョア・インテリゲンツィアの理論が前衛党と革命運動のなかに結晶しなければならないとしたのである。

9　「社会主義的意識はプロレタリアートの階級闘争のなかへ外部からもちこまれた（von aussen Hineingeragetnes）或るものであって、この階級闘争のなかから自然発生的に（urwüchsig）生まれてきたものではない」（レーニン『なにをなすべきか』、前掲書 p.208）。これはカウツキーの論文の引用だが、レーニンはこれを肯定している。

ルカッチの場合は、労働者の内発的な自覚的協同態をプロレタリアートの階級意識の形成によってつくりだそうと考えていた。また、コルシュの場合は、生産の社会化（Sozialisierung）を実現しうる新しい人間性（Neuemenschlichkeit）の創造、その結合体としてのレーテ（Räte 評議会）をつくりだそうとしていた。これらは、いずれも、労働者大衆にとって内在的なものであり、彼らが集団として、あるいは個人として内発的に醸成しうるし、しなければならないものであったのだ。

その点ではランダウアーと共通していたのだが、大きな違いもまた存在した。

ルカッチもコルシュもマルクシストであり、そうであるかぎり、当時のマルクシズムに顕著だった経済決定論に対しては批判的だったとはいっても、下部構造が上部構造を規定するという唯物論的観念にもとづいて理論を構築していた。だから、意識のありかたも下部構造による規定に従って考えられたのであって、そうであるがゆえに、ルカッチの場合は「階級意識」が、コルシュの場合は「経済的意識諸形態が特別な位置をしめる」[10]という認識にもとづいた「産業労働者評議会」が核心的な課題になってくるわけである。

これに対して、ランダウアーは、意識のありかたを世界に対する自我の対し方という、より根本的なところから考えようとしており、下部構造や経済的な問題は（もちろん具体的な局面では重視されてはいるのだが）意識そのもののありかたに関しては二の次の問題にされている。

また、ルカッチもコルシュも、エンゲルスやカウツキーのように自然を対象としての自然としか考えないわけではなく、下部構造と上部構造との関係と同じように、自然に働きかける人間としての主体と主体が働きかける自然としての客体との間の関係も相互的であると考えていた。だが、やはり、終局的には、主体である人間が客体である自然をつくりかえ、全面的にみずからの下に取り込むことによって人間が解放されるという立場を採っていたと見ることができる。

これに対して、ランダウアーは、そのような所産的自然＝「産み出された自然」（natura naturata）ではなく能産的自然＝「産み出す自然」（natura naturans）から人間を見て、そのうえで主体としての人間を見たほうが、人間の本性がとらえられるという見方であった。そのように見たときの人間の主体性とは、能産的自然の能産性の特殊な分節としての能動性、コスモスの全体的生命の特殊な分節としての生命力としてとらえられることになるだろう。そして、ここからショーペンハウアーやニーチェのいうような「生の意志」が出てくる。

これらの違いは、より根本的には、ルカッチとコルシュが基本的に唯物論の立場に立っていたのに対し、ランダウアーは唯物論と観念論の対立自体が相対的なものであるという立場に立っていたことによっているといえる。ランダウアーは、唯物論と観念論との間に絶対的な正誤の関係はないととらえて、どちらからアプローチしたほうが、その時代における根本問題を解くのにより有効であるかという観点から考えていたのである。[11]

10　カール・コルシュ〔平井俊彦・岡崎幹郎訳〕『マルクス主義と哲学』（未来社、一九七七年）p.116

11　これはマッハの「思考の経済」（Denkökonomie）やアヴェナリウスの「最小力量の原理」（Prinzip des kleinsten Kraftmaßes）という考え方と通じるものである。マッハのいう「思考の経済」とは、すでに中世においても唱えられてい

総体性・生きた統一体・内部生命

唯物論と観念論との対立は相対的なものだというランダウアーの観点からすると、確かに、いま挙げたランダウアーとルカッチ、コルシュとの相違点も、出発点は反対に見えて、実は収斂してくるのである。二つの相違点は、おたがいに関連しあっていたが、そこにある対立は、ルカッチとコルシュがそれぞれに意識と存在との間の関係に弁証法を駆使して、ルカッチの場合は「総体性」(Totalität)、コルシュの場合は「生きた統一体」(lebendige Einheit) というカテゴリーを産み出すことによってのりこえられていくのである。[12] そして、これらのカテゴリーは、彼らの唯物論とは反対の認識論から出発したランダウアーが到達した、人間のプラクシスにおける「総体性」であり「生きた統一体」である「内部生命」(immanentes Leben) というカテゴリーと重なり合うものだともいえる。その意味では、出発点を異にしながら同じ帰結に収斂されたようにも見える。実際、特にコルシュの「産業労働者評議会」というレーテ運動とランダウアーのバイエルンやミュンヘンでのレーテ運動は、実践的にも重なり合ってくるわけである。

そして、実は、一九世紀の世紀末から二〇世紀初めにかけてのヨーロッパの社会主義運動において、これと同じような思想はほかにも見られ、しかも一時的にはかなり有力な潮流を形成していたのである。これらの思想は、すでにのべたエルネスト・マッハとともにドイツの哲学者リヒャルト・アヴェナリウスの影響のもとに形成されたものであった。

アヴェナリウスの世界認識とは、世界を事物の総体として観るのではなく、否応なく生じてくる主体と客体との分離以前に成立している「自然的世界概念」（naturlicher Weltbegriff）としてとらえるものであった。これはランダウアーの世界認識と重なっている。

そして、アヴェナリウスの世界認識は、ロシアのボリシェヴィキをはじめとするマルクシストにも影響をあたえたのだ。たとえば、アヴェナリウスの講義を聴いたボリシェヴィキの中心メンバーの一人、A・V・ルナチャルスキーが、これをロシア社会民主労働党の同志に伝え、それに同調したA・A・ボクダーノフ、マキシム・ゴーリキーらを中心として、建神主義（bogostroitel strovo）派が結成され、のちに一時はボリシェヴィキ内の多数派になったこともあるのだ。[13] 建神主義とは、社会主義自体が宗教的感情から生まれてきたものだとして、宗教に代わる社会主義の精神的基礎を神信仰に似たかたちで創り出そうとしたものだった。[14]

レーニンの『唯物論と経験批判論』は、これらの有力な反対派を追い落とすために、アヴェナリウスの「経験批判論」とマッハの「要素一元論」をまっこうから（斧で叩き切るように！）批判したもの

た思考の法則で、「最小の出費で事実をできるだけ完全に近く記述すること」が思考の根本であるという考えである。アヴェナリウスは、これをさらに拡張したかたちで、自然界全体が最小力量の原理で成り立っているとした。

12　平井俊彦「カール・コルシュの唯物史観とレーテ運動」、前掲・『マルクス主義と哲学』pp.226-227 参照。

13　R・ダニエルズ〔国際社会主義運動研究会訳〕『ロシア共産党党内闘争史』上（現代思潮社、一九七〇年）pp.11-23 参照。ここでは「建神主義」ではなくて「造神主義」と訳されているが、意味も実体も同じである。

14　建神主義の思想と実践については、廣岡正久『ソヴィエト政治と宗教』（未来社、一九八八年）pp.13-39 の「ロシアマルクス主義と『建神主義』思想」に的確にのべられている。

であった。

コミュニズム党内におけるこの系列の理論は、これらにとどまらない。これらの動きと並行して、たとえばイタリアでは、イタリア・マルクシズムの源流に位置するアントニオ・ラブリオーラが、アヴェナリウスとは別箇に、世界というものを現実的諸個人が相互関係を結んでいく場としてとらえる「生活－世界観」(Lebens-Weltanschauung)を打ち出していた。これはアヴェナリウスの「自然的世界概念」と共通するところをもっていた。ラブリオーラは、こうした世界観から「生活世界の実践哲学としての史的唯物論」を唱え、アントニオ・グラムシらに大きな影響をあたえた。[15]

一九世紀末から二〇世紀初めにかけて現れた、ランダウアーを含むさまざまな新しい思想潮流は、以上のようなある程度共通した世界認識をもって思想の地下水脈をなし、ときに地上に噴出して社会主義運動主流を脅かしたのである。

Ernst Mach

分離の先の結合体と共同態

Richard Avenarius

だが、しかし、このような地平においては重なり合うところがあり、したがって社会運動としては連帯して進めることができるのであるが、思想として、また個人の生き方の問題としては、出発点の異なりに示されているような大きな違いがあることもまた見ておかなければならない。それは、まずもって、「分離・共同」論も「分離・結合」論も共通して掲げている「分離」が、いったい何からの何の分離なのかということにかかわっている。

ランダウアーがそれを世界認識の問題として哲学的に明らかにしたのが、『懐疑と神秘思想』にほかならない。

「分離・共同」論も「分離・結合」論も、日常的意識、自然発生的意識から分離し、非日常的意識、構成的意識をわがものにしなければならないという点では共通している。ここで「構成的」(constituent：konstitutiv)といったのは、なんらかの原理や意味体系を、悟性を通じて現象に適用して、認識を組み立てようとすることであり、目的・手段連関や意味連関の表象は、このような構成を通じて新たに認識されることになる。普通、このときに構成のもととなる原理や意味体系は、自然発生的に内から生まれてくるわけではなくて、意図的に外からもたらされなければならないと考えられる。構成的意識は、その意味では、外在的なものに依拠しなければならないのであり、認識主体にとっては外から獲得されるものとなる。

15　アントニオ・ラブリオーラ〔小原耕一・渡辺實訳〕『社会主義と哲学』(同時代社、二〇一一年)参照。

これが近代哲学の基本的な考え方であった。ルカッチ、コルシュ、福本和夫は、この考え方に立っている。だから、日常的で自然発生的な意識から分離して、社会主義やマルクシズムといった外在的な原理や意味体系に拠りながら、社会化意識とか階級意識とかいう悟性的に現実を構成し直す意識を立てようとしていくわけである。

ところが、ランダウアーはちがう。日常的で自然発生的な意識から分離するのだけれど、そこで外在的な原理や意味体系に依拠するのではなくて、自己の内に沈潜して、内在的な「本性（Natur）の核心」に到達しようとするのである。それは近代哲学の志向とは異なっている。

そもそも系譜が異なっている。ルカッチとコルシュの「分離・結合」論は、マルクスを媒介としてヘーゲル哲学に淵源しているのに対し、ランダウアーの「分離・共同」論は、中世一三世紀の神学者マイスター・エックハルトの教説にもとづいたものであり、近代においては、反主流の哲学の系譜を受け継いだものだったのである。

デカルト以後の近代哲学主流のパラダイムではなく、それ以前に、それとは異なるかたちで展開されたジョルダーノ・ブルーノ、スピノザ、ライプニッツらの哲学の潮流をふまえて、展開されている。だから、近代哲学主流のパラダイムから出ようとしないなら、奇異な妄言に見えかねないのだが、けっしてそうではなく、近代のゆきづまりがいよいよ深刻になり、近代のパラダイム全体がのりこえられなければならなくなっている現在の情況においては、真剣に検討してみるべき問題が含まれているのである。そこに、『懐疑と神秘思想』の今日的意義がある。

主客分離に先行する原受動的主体

デカルト、カント以後の近代哲学のなかでも、主流の主客分離の思考様式とは異なる見方のなかには、マウトナーやランダウアーと同じようなとらえかたが存在していた。たとえば、エドゥムント・フッサールの「受動的構成」の哲学がそれである。

主客分離の近代哲学主流のなかでは、主体か客体かいずれかに偏って、いわゆる主観的観念論と客観的観念論、主体的唯物論と客体的唯物論の対立がつきまとってきた。その対立が相対的なものであり、むしろそれを超えることこそが重要だということはランダウアーが、『懐疑と神秘思想』や「分離を通じて共同社会へ」のなかでも論じているとおりである。そして、フッサールは、この対立を「現象」（Phänomenon）に定位することでのりこえようとしたのだ。

そして、その現象学にもとづく認識論として、「能動的構成」と「受動的構成」を通じた現象の意味呈示の構造を明らかにしようとした。そのなかでもっとも根源的な作用として考えられたのが「原受動性」（Urpassivität）であった。この原受動性とは、「一切の能動性に先行して、一切の能動的・受動的総合を背後で支え可能にしている先所与的な受動性」[16]である。この「先所与的なもの」とは、あたえられているすべての要件に先立って、まず最初に現象を意味づけへともたらしていく機能を果たすもので、「いかなる歴史的発生にも先立っている自然の先歴史的な根源性[17]」を表すものだとされて

16　武笠行雄「構成」、『哲学・思想事典』（岩波書店、一九九八年）p.492

いる。その意味では、主体にとっては外部である自然からもたらされるのだけど、その自然は先歴史的な根源的なものだから、主体をみずからの内に包み込んでいる能産的自然なのであり、その意味では日常的意識にとっては外部ではあっても意識そのものにとっては外部ではないともいえるのである。[18]

この「原受動性」こそ、自己を屈して何かの下につくのではなく、そこまで降りて行って自己を再生していくことによって、自己が確立されていくという原受動的な主体性を自己にもたらしていくのである。そこに「下に置かれているもの」という主体の原義が蘇って生きてくるのだ。『懐疑と神秘思想』のなかで「時間は『下に置かれているもの』として主体的なものだ」というランダウアーのとらえかたについて、訳注90（p.145）でふれたように、「主体」というものの原義は「主観的なもの」にあったのではなく、いま原義に還って考えることが必要になっているのだ。

古代以来、「主体」（subjectum）とは、アリストテレスがいうヒュポケイメノン（hypokeimenon 基体）で「下に置かれているもの」であった。これは、われわれが何かを言葉で表わし、それによって何事かを明らかにしようとするとき、それに先立って、その何事かとは別のあるものがすでに何らかのかたちで措定されている、という考え方によるもので、その「別のあるもの」が存在と認識を一致させる基として「基体」と考えられ、これが認識の主体であるとされたわけである。これに対して、ルネサンスを通じて一五〇〇年頃を境にして、この「主体」が「観察するもの」即ち「主観」に変わっていったのである。[19] この変化によって、かつては個々の人間という有限な存在者の内にありながら、それに内属するのではなく、それを下から限定している無限なるものとしてあるという「内在しながら超越している」ものとされていた主体（hypokeimenon：subjectum）が、人間に内属されるものとされることによって、人間そのものが「限定されるもの」としての〈客体〉と「限定するもの」としての〈主体〉に分裂することになったのである。この「限定するもの」としての無限者、つまり具体的自我を限定する抽象的自我という非現実的な架空の存在が近代的な主体なのである。

この変化以前の「主観に先立つ主体」こそ、フッサールが「自己を屈して何かの下につくのではなく、そこまで降りて行って自己を再生していくことによって、自己が確立されていく」という「原受動的な主体」と重なるのである。そして、この「原受動的な主体」は、ランダウアーが自己の内に沈潜して到達しようとした「自己の自然＝本性的な核心に裏づけられた主体」と重なっているのである。

17　新田義弘『現象学とは何か』（紀伊國屋書店、一九六八年）p.91

18　原受動性は、個が個として生まれる以前の状態にあるものだから、個そのものから自然発生したものではない。しかし、その状態は個が生まれる以前に包含され、そのものとしてもあった（神と合一していた）ものから生まれたのだから、個の外部から生まれたとはいえない。これは、このあとでのべる「下に置かれているもの」という「主体」の原義に還ることからもたらされたとらえかたなのである。なお、フッサールには、この点を含めて、アヴェナリウスの影響が認められる。

19　これについては、中井正一「Subjekt の問題」（『中井正一全集』第一巻、美術出版社、一九八一年所収）が詳しく論じている。また、「芸術における媒介の問題」（全集第二巻所収）pp.107-108 でも簡潔にのべている。中井は、この旧い Subjekt 概念を「世界を身分的ヒエラルキーとして考える封建的宗教的段階」における世界認識として否定的に扱っているが、そのような階級史観的位置づけを超える意義をもっていると思う。それはなぜかといえば、一六世紀に成立した新しい Subjekt は、旧い Subjekt の「受動的主体」を基礎に置きながら「観るもの」「意識するもの」としての主体を位置づけることによって近代的個人とは違う中世的個人を成立させたのであり、この中世的個人を復元することが、いま求められていると思うからである。

ランダウアーの「分離」は、このような地点に到達することによって「共同」の地平をみずからの内に拓こうとするものであったのだ。それは自然発生的に内から出てくる意識にも、意図的に外からもたらされる意識にも拠らないものなのであった。

三　根源的自由の在処

離脱と分離

さて、それでは、世界認識において、自然発生的に内から出てくる意識にも、意図的に外からもたらされる意識にも拠らないで、どのようにして現象を構成することができるのであろうか。ランダウアーは、エックハルトが指し示した途を提示する。それは、聖女カタリナの宗教体験にもとづくものとして示されている。

聖女カタリナとは、イタリアのトスカナ地方シエナの修道女・聖カタリナ（Santa Caterina da Siena 1317–1380）のことで、エックハルトと同じドミニコ会に所属し、厳しい行の末に神と一体化した幻視をえたとされている。

見神者カタリナは、このとき、名前をもつものすべてを忘れ、個人として人間になる前に自分がいたところにもどったときに神の中に入っていけたのだ、といっている。すなわち、とりわけ近代においては、人間が主体となって自己を含む客体をわがものにすることによって客体を認識するというのが人間の意識のありかただが、そうしたありかたにとらわれることがなくなり、認識するということ、知るということは、認識されるものといっしょになって、すなわち近代的な意味での主体と客体が合一して認識を産み出すことなのだということがわかるようになったとき、神の中に入っていけた、ということだ。そして、それは神と一体になることであり、「私は神になったのです」とカタリナはいう。

カタリナは忘我状態（エクスタシー：Ekstase）のなかで「私が個人として人間になる前に私がいたところ」に立つ。そこで、自分が神になることによって神のなかに入っていき、永遠へとつながっている魂と一体になる。このへんは、宗教的神秘体験だから、ついていけないという人も多いだろうが、けっして妄想や虚偽ではない[20]。

マイスター・エックハルトは、日常的・自然発生的な意識にもとづいて属しているように思い込んでいる世界から、このカタリナのようにして出ていくことを「離脱」（Abegescheidenheit[21]）と呼んだ。

20　明治日本の真摯な求道者であった綱島梁川がみずからの見神の体験を語った「予が見神の実験」「予が見神の実験によりて何を学びたるか」（『綱島梁川集』岩波文庫所収）を読むなら、少なくともそれが妄想や虚偽ではないことは認めるであろうと思う。なお、「実験」とは実際の体験という意味であり、梁川の体験が語られ自己分析されている。

21　中世ドイツ語。現代ドイツ語ではAbgescheidenheitに当たるか。エックハルトは、これを単に離脱していくことではなく、離脱して至ったもうひとつの世界にとどまりつづけることをも含意して、このことばを使っているようだ。その点に留意して、「離在」と訳している学者もいる。岩波文庫版『神の慰めの書』の訳者・相原信作は、そう訳している（同書pp.186‐207）。

Santa Caterina da Siena

彼の考えは、「離脱について」という論述によると、おおよそ次のようなものだ。[22]

人間はもともと神の内にあったのだが、さまざまなものに心をとらわれることによって、神の外の世界に属するようになってしまっている。そうした世界から離脱しなければならない。「離脱」とは「一切の被造物から脱却している」ことであり、

「純一無雑であろうと欲する者はただ一つの事柄のみを保っていなければならない、それは離脱である」とエックハルトはいう。そして、そのためには、「人間が神の内に在った時に自らがそれであった像、即ち神が被造物を創造した時よりも以前に、その内で人間と神との間にいかなる差異もなかったその像」に回帰していく必要がある。

これが、カタリナの神秘体験と重なっていることがわかるだろう。

離脱においては、みずからの心を満たしていたいっさいの事物、事象を払拭して、みずからを空っぽにする。しかし、それはみずからの全否定のように見えて、そうではない。それは「自分自身を屈する」ことではない、とエックハルトはいう。「自分自身を屈してすべての被造物の下に就き、かく屈することにおいて……自分自身から外に出て被造物へと赴く」のではなくて、「離脱はあくまで自分自身の内に留っている」のだ、と。[23]

完全な離脱は身を屈することによって何かの被造物の下に就こうとか、また何かの被造物を見下そうとするような意図をまったく秘めていない。それは下に就くことも、上に立つことも欲しないし、したがって何人をも偏愛したり苦しませたりすることはなく、自分自身によって独りで存立していることを欲するのであり、……ただ端的に在るということ以外の何ものをも欲しないのである。[24]

何者でもない自分がただ在る——この無としてある自己、空っぽの自己は、その空無に神を来たらせるのだとエックハルトはいう。被造物で充満している心には神は入ってくることができないが、空っぽになった心には神は誘われる。それだけではなく、離脱した心はきわめて無に近い真空のような場所だから、神以外は、そこでみずからを保っていることができないのだ。だから、空っぽになった心は神によって満たされるのだ、というのである。

そして、このような離脱状態にこそ根源的自由があるというのがエックハルトの自由観である。「自由な精神が本当の離脱を保って立っている時には、それは神を強制して精神自身の在処へと来さ

22　マイスター・エックハルト論述［川崎幸夫訳］「離脱について」（『エックハルト論述集』［ドイツ神秘主義叢書3］創文社、一九九一年）。以下の略述と引用は同書 pp.167–184 より。
23　同前 p.169
24　同前 pp.169–170

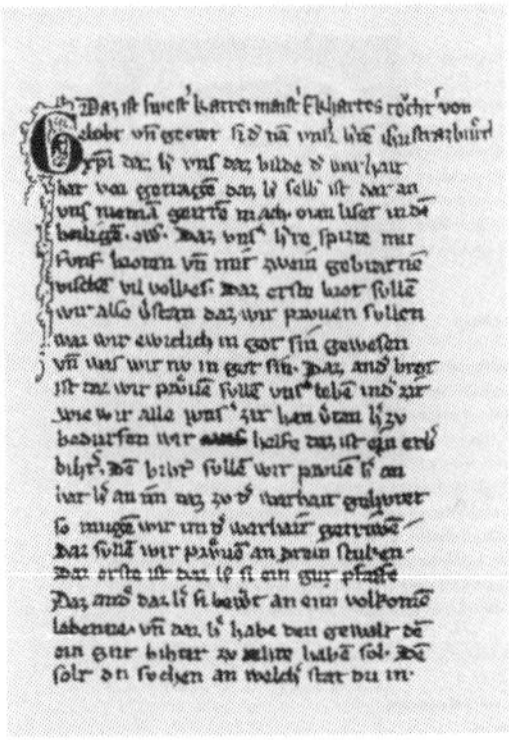

マイスター・エックハルトの著述写本（14世紀）

せるのである」[25]

ランダウアーの「分離」とは、ルカッチやコルシュのレーニン流「分離」とはちがって、こうしたエックハルトの「離脱」を原型にしたものなのだ。エックハルトのいう神――「神」というものにどうしても違和感を感ずる無神論者は「究極原理のペルソナ」「原因－結果連鎖の第一原因」と考えてもらってもいい――とは、ランダウアーにとってはそのまま本源的共同性の原理になりうるようなものなのである。

ランダウアーは、個人がむしろ単独者に徹し、その内面に沈潜しきり、現実社会の利害《インタレスト》＝関心関係、それに規定されたみずからの欲望や人間社会の功利にまつわる政治・経済関係から脱却することを通じてこそ、われわれは根源的自由の場に立つことになり、本源的共同性の原理によって満たされることができるのだと考えている。エックハルトにおいて、自己にとどまりつつ空っぽになることが、神との合一をもたらすものであったように、ランダウアーにおいては、単独者に徹しつつすべての既存の社会関係から自由になることが、かえって「関係としての自己」を回復し、政治・経済関係でも利害《インタレスト》＝関心関係でもない原初的社会関係を蘇生させてくれるのである。

エックハルトは、このような離脱状態――ランダウアーにとっては分離状態――にある個人を「形無き本然《ほんねん》の姿」と形容した。「形無き本然」（formlosem wesens）とは「精神的な形をも脱して、純粋な霊に還った在り方であり、存在をも超えている」と解釈されている。[26] それは、先に見たように「神が被造物を創造した時よりも以前」の境位であり、カタリナのいう「私が個人として人間になる前の私」のありかたなのである。それはランダウアーにあっては「形なき社会の本然」「形なき社会の本質」なのだ。そこにさかのぼって社会を再構成してこそ、本源的な共同性を現実態にすることができるというのが、ランダウアーの「分離・共同」論なのである。

部分のなかにある全体

小さな花をまったきかたちで認識できれば、世界全体を認識したことになる、とマイスター・エックハルトはいった。

なぜそうなるのか。エックハルトの考え方は、僕の理解では、こうだ。

《部分が集まって全体があるのではない。「ある」というのは、そういうものではない。「ある」とい

25　同前 p.172
26　同前 p.265 の訳者注参照。なお、岩波文庫版『神の慰めの書』所収の相原信作訳では「形なき本質」と訳されている。確かに、このことばには、「形相以前の本質」という意味が含まれているように思われる。すなわち、アリストテレスの形而上学では、存在するものは形相と質料からなり、形相が本質であるとされていたわけだが、これに対して、形相・質料が建てられる以前にそれらをも規定する本質が存在するという主張だとも受け取れるのである。筆者もそちらに与したい。

うこと、すなわち存在（Sein）は、全体的なものであって、個別的なものが「ある」のは、全体的な「ある」が、すなわち全体的なものである存在というものが分け与えられているにすぎない。部分的な、さまざまな存在があって、それらが集まって全体的な存在になっているのではない。

　だから、個別である小さな花のありかたをまるごと認識しようとしたとき、その認識は小さな花を部分的な存在として見ることによっては果たせない。そうではなくて、小さな花のありかたは、全体から存在を分与されて、それを個別において受け取って、自分なりのありかたにしているだ。そういうふうに見ないと、小さな花のありかたはわからない。

　世界全体というのは、それ自体として直接的な認識対象にはなりえない。世界全体は、個別の認識対象を通して媒介的に認識するしかない。だが、個別の認識対象ををいくら集めても世界全体にはならない。だから、個別の認識を集めて総和（total：Gesamt）を出すのではなくて、一つの個別の認識を通じて、その個別対象のありかたそのもののなかに存在の全体（whole：Ganze）を見ることによってこそ、世界認識は果たされるのである。》

　これを哲学者の口を借りて、もっと厳密なかたちでいえば、次のようになる。エックハルト全集の編纂者へリベルト・フィッシャーは、エックハルトの「全体・部分」論について、次のようにのべている[27]。

個々の部分としての部分は、その全体にそもそもいかなる存在をも与えない。むしろ部分はその全体的存在を全体から、かつ全体において、受け取る。さもなくば諸部分が有るのと同じ数だけの多数のものが有ることになろう。

全体の部分は、この部分の属する全体に存在を与えることはない。むしろその逆である。すなわち部分は存在を全体から、全体によって、全体のうちに得るのである。全体の外ではこのような部分それ自体は、完全な意味での存在をまったく持たず、存在という名称は多義的に、せいぜいのところ本来的ならざる意味において言われるにすぎない。

全体、部分を包括しているもの、それは、充溢であり、直接的なものであり、それには何ものも欠けるものなく、けし《（ママ）》て部分的なものではない。

このようなエックハルトの思想は、全体は部分の算術的総和以上のものであるとする、いわゆるホーリズム（holism：Holismus）の先駆であり――近代哲学においてはシェリングが先駆とされるが、

27　ヘリベルト・フィッシャー〔塩路憲一・岡田勝明訳〕『マイスター・エックハルト――その思索への体系的論述――』（昭和堂、一九九二年）pp.85-86　傍点は引用者による。

それ以前のものとしてエックハルトを挙げていいのではないか――、それが認識の問題に適用されている。

精神の受胎

ここには、いまのべたことだけでは了解に達しえないであろう問題が数多く伏在している。だが、ここでは、世界の一部として全体から存在を分与された「我」と「小さな花」は、存在する者として同等であり、その同等な地平において、我は小さな花と合一することができ、その合一化を通じて、我と小さな花を等しく存在を分与するものとして認識する可能性が開ける、そしてその可能性は、その全体と合一することを通じて現実のものとなるというのが、根源的なものの認識に関するマイスター・エックハルトの考え方だということだけはのべておかなければならない。

そして、その合一とは受胎（Empfängnis）であるというのがエックハルトの考えであった。ヘリベルト・フィッシャーは、この点についてエックハルトは次のように考えていた、とのべている。[28]

すべての［精神的］抱懐は「受胎」である。我々が認識するものすべては、こうして我々の内にそれ自身についての知を産み出すのであり、認識するものと認識されるものによって懐胎されるのである。……受胎は、受胎するものつまり全体がその全存在を対象から受け取るのである。

マイスター・エックハルトの思想が、カタリナの体験と結びつくには、こうした「全体・部分」論、「認識＝受胎」論とともに、もうひとつ、そこでいわれている「全体的存在」とは神に「ほかならない」、逆に神とは「全体的存在」に「すぎない」という神のとらえかたが媒介になっている。だから、まったき認識においては、神は私であり、私は神でなければならないのだ。ヘーゲルが『宗教哲学講義』で引用しているところによると、エックハルトは、次のようにのべている。

神が私を見るその目は、私が神を見るその目である。……義においては、私は神の中に生まれ、神は私の中に生まれる。

このような地点において、主体である我と客体の根底にある全体的存在である神とは、たがいに懐胎されあうのであり、それによって、主体と客体との対立的緊張関係は完全に揚棄されるのである。このような神に対する観方は、のちの哲学者スピノザの「神即自然」（deus sive natura）の先駆をなしたものといえよう。

28　同前 p.121　これは、認識するものと認識されるものとによって共同で産み出される子供についてのアウグスティヌスの教説に依拠するものであることが示唆されている。

全体と部分、社会と個人の包括

さて、ランダウアーは、このような精神の受胎を、社会にパラフレーズする。自己の魂が全体的存在をみずからのもとに包み込むように、われわれが世界をみずからのもとに包み込んで、共同社会（Gemeinschaft）を現実のものにするためには、精神の受胎の場合と同じように、われわれの外側にではなく、内側に向かってゆかなくてはならないとするのである。だから、先にのべたように、エックハルトのいう「形無き本然」はランダウアーにあっては「形なき社会の本然」「形なき社会の本質」なのだ。そこにさかのぼって社会を再構成してこそ、本源的な共同性を現実態にすることができるのである。

ここで問題なのは、精神の受胎において「私」であったものが、世界の受胎においては「われわれ」になっていることである。ここが、ランダウアーの哲学を唯我論（solipsism：Solipsismus）から分けるポイントである。アナキズムの系譜でいえば、マックス・シュティルナーとグスタフ・ランダウアーを分ける分岐点である。

ランダウアーは、精神の領域においては主観性を徹底した果てに主体と客体との対立的緊張関係を揚棄する途を見たのだが、社会の領域においては、主観性を孤絶させるのではなく、共同主観性として建てることによって、世界を受胎する途を開くのである。

そして、そのポイントは、先に引用したフィッシャーの言にあったマイスター・エックハルトの思想、「全体と部分を相互に包括させるのは直接的なかたちでの充溢である」にもとづいていると考えられる。このような充溢をランダウアーは「無限なるものから発し無限なるものに至る永遠の流れ」のなかに見ており、その直接性においては「一つの原因が一つの結果を生むということはないし、また一つの作用が別の結果に至るということもない」として、これこそが「荒波逆巻く上げ潮の海のようなわれわれの魂の力」が産み出す「充溢」なのだということを示唆している。

このような魂の力が、社会・個人関係として現れる全体・部分関係を包括して、相互に――すなわち社会を個人に、個人を社会に――受胎せしめる直接的な充溢をもたらすのである。[29]

本源的共同性に満たされ、その本性が、なにものにもとらわれないものとして、蘇ってくるのである。そこには、神をさえも「強制」し、個人の本性がまったきかたちで生かされながら共同しうるという根源的自由が現出するのである。

神の国と共同社会

マイスター・エックハルトによれば、「離脱」状態となった個人の心は神によって充たされ、神に支配＝統治される。この神の支配＝統治が、ラテン語でいえば regnum Dei、ドイツ語でいえば Reich Gottes で、日本語では「神の国」と呼ばれる。

29　ここに示された途は、ランダウアーの最も親しい友人の一人であるマルティン・ブーバーが『我と汝』でいう「我－汝」関係（Ich-Du Beziehung）に通ずるものだと思うのだが、それについてのべると長くなるので指摘だけにとどめておく。

ということになるならば、エックハルトが提起している途は「離脱を通じて神の国へ」（Durch Abgescheidenheit zum Reich Gottes）と表すことができよう。これがランダウアーが提起した「分離を通じて共同社会へ」（Durch Absonderung zur Gemeinschaft）の途に対応している。

イエスは、いわゆる「山上の説教」の冒頭（マタイによる福音書5-3）で、こうのべている。

心の貧しい人々は幸いである、天の国[30]はその人たちのものである。

このイエスのことばをめぐって、エックハルトは一篇の説教をおこなっており、そこで「神の国」に入ることができる者の条件である「心の貧しさ」について語っている。そこでは次のようにのべられている。[31]

神の此の上なく愛すべき意志を充たそうと欲することが自分の意志であるというところがまだ残っている限り、そのような人は、われわれが述べたいと思っている貧ではない。

自分の意志で神に従おうというのでは「心の貧しい人」ではなく、したがって神の国には入れない、というのだ。この説教で、エックハルトは、神の国に入る条件としての「貧しさ」とは、何ももっていない、何も知らないというだけではなく、神を愛するということを意志をもってするような、そうした意志をすらもっていないことを意味しているといっているのである。

離脱状態においては、人間は神の支配＝統治を意志をもって受け容れるような、そういう意志すらもっていない。意志しないで受け容れるのである。そしてそのことを通じて「離脱を通じて神の国へ」が実現される。

ということは、これを類比において考えれば、「分離を通じて共同社会へ」の実現も、分離状態にある人間の意志によってではないということになり、すなわち、そこに成立する共同社会は、「政治意志なき自己統治」によっているということである。そこにおいては、人間相互の共同が意志によってではなく成り立つのである。それは「無意識の良心」という言葉を思い浮かばさせる。

これは、否定の方向から見られるよりも、肯定の方向から見られるべきで、意志さえも没却され、ただ本源的な地点に立ち返りさえすれば、人はおのずから神の国にいるし、共同自己統治のもとにいる、ということなのである。

このようなエックハルトのいう離脱状態、ランダウアーのいう分離状態は、所有も知識も意志もなく統治が成り立ちうる状態なのだが、それはまた、いつ、どんなときにでも到来しうる状態なのである。

なぜなら、離脱状態あるいは分離状態というものが、すでにのべたように、「自然の先歴史的な根

30　マタイによる福音書では「神の国」のことを一貫して「天の国」と表現している。この両者は同一のものを指していると解釈されている。なお、ルカによる福音書の当該箇所は「神の国」となっている。
31　エックハルト「説教」八、『人類の知的遺産21 マイスター・エックハルト』（講談社、一九八七年）p.322

源性」において成り立っているものにほかならないからである。そこにゆければ、現在はそのまま永遠につながることができるのだ。

エックハルトは、その神学的根拠を「継続的創造」(creatio continua) 論として、次のようにのべている。[32]

神が最初の人間を創造したときの今も、最後の人間が消え去るときの今も、わたしが話しているこの今も、神のうちでは等しいものであり、一なる今に他ならない。

したがって「神は世界を現在創造しているのであり、一切の事物はこの日においてはすべて等しく高貴なのである」「神は世界と一切の事物とをひとつの現なる今において創造するのである」とされる。[33]

その神によって充たされている離脱状態も、また「一なる今」「ひとつの現なる今」にあるのであり、すなわち「永遠の今」に生きているのである。つねに絶えることなくひとつの今に住まいするのである。

この点については、ランダウアーが、『懐疑と神秘思想』のエピグラフで引いているエックハルトの言がいっているとおりだし、またそれをランダウアーは「永遠なるものの断片としての内部生命」についてのべているところでも、自分なりの言い方で表している。

「神の国」も「本源的共同性にもとづく社会」も、均質に流れる時間の未来に歴史的に到来するものではなく、どの瞬間にあっても、その瞬間を「永遠の今」――時間のなかにありながら時間を超えた瞬間――と化することにおいて成り立つものなのである。

エックハルトも言及しているが、イエスは、「神の国はあなたがたの裡にある」といっている。ファリサイの人々が「神の国はいつ来るのか」と尋ねるのに対して、イエスはいった（ルカによる福音書17-120～121）。

神の国は、見える形では来ない。「ここにある」「あそこにある」と言えるものでもない。実に、神の国はあなたがたの間にあるのだ。

いま・ここにあるわれわれの内に、つまりはわれわれ人間の間に現に結ばれている関係そのもののなかに、神の国は潜在しているのだというのである。

トルストイは、みずからの私的所有否定・反国家・非暴力無抵抗の思想を、このイエスのことばに託して、『神の国は汝等の胸にあり』[34]を書いた。そこには、理想社会のようなものは、いつか来るも

32　岩波文庫版〔田島照久編訳〕『エックハルト説教集』p.29
33　同前 p.73
34　トルストイ『神の国は汝等の胸にあり』上・下、講談社版『トルストイ全集』第36巻・37巻

のでも、どこかにあるものでもなく、人と人との本来的な関係のなかに胚胎しているのであって、それ以外のところに求めようとせず、それを顕在化させるしかないという考え方があらわされている。そして、それはランダウアーを含む、多くのアナキズム思想家が共通して懐いてきた思想であった。

この歴史に先んずる地点にあるがゆえに永遠の今でありうる場は、前にものべたように、根源的な自由が成立する場であるとされている。

エックハルトは、離脱状態のことを、くりかえし「空にして自由」(ledic und vri) と表現している。これは、何ものにも依らない境位であるから、根源的な自由を意味している。たとえば、次のようにいう[35]。

神は己れの利を計り給わず、その一切の業作において空であり自由であり [ledic und vri]、……それと同じく、神と一つになった人はその一切の活動を通じて同じように空であり自由であり……

ここでいわれている「神と一つになった人」は、あらかじめ像が出来上がっている神に依らないで、みずからを空にしたからこそ、自由になって、その空にやってきた神によって充たされることができたのである。そして、そのときはじめて神は神そのものになって、この根源的自由を支配し擁護するのである。

この「神の支配」すなわち「神の国」を「共同社会」と言い換えるなら、人為社会＝公認社会の属性においてはみずからを空にして、あらゆる社会的被造物（商品、国家などの社会的に造られた物）の関係の拘束から分離した人間は、自由になって、本源的共同性によって充たされることができる。そして、そのときはじめて共同社会は共同社会そのものとなって、この根源的自由を支配し擁護するのである。

これが、エックハルトの「離脱を通じて神の国へ」の、そしてランダウアーの「分離を通じて共同社会へ」のイメージであったといえるであろう。

未来に向かってふりかえれ

近代革命は、フランス革命をはじめ、社会主義ロシア革命や全体主義ナチス革命を含めて、すべて、理想社会を、均質に流れる時間の未来に歴史的に実現しようとしてきた。また、その理想社会が成り立つ物質的・社会的条件を、生産力の発展、富の蓄積、国家機構や社会制度の確立などを通じてつくりあげていくことが理想社会実現の途であるとして、それらに取り組んできた。

そして、確かに巨大な生産力がもたらされ、膨大な富が蓄積され、鞏固な国家機構、精緻な社会制度がつくりあげられた。しかし、理想社会が実現されたか。実現されなかっただけでなく、社会の共

35　「マタイ伝第二十一章第十二節についての説教」、エックハルト［相原信作訳］『神の慰めの書』（講談社学術文庫）p.237

同性は破壊され、太古から連綿と受け継がれてきた自然社会＝実在社会は解体の過程にさらされ、全面的な社会解体の危機に瀕している。それはまた、近代人の生の充溢を妨げ、市民社会に適応した人々の深奥からの生の意欲はいまやほとんど衰微しようとしているのではないか。

近代革命の夢は、一九九〇年代に最終的に潰え去った。「必然の王国」が「自由の王国」に、歴史的発展によって転ずることはなかったのだ。それは、理想社会の物質的・社会的条件を追い求めながら、その精神的・個人的条件をないがしろにし、むしろ物質的・社会的条件の追求によって、精神的・個人的条件を衰弱させてきたためではなかったのか。近代の美しい理念に夢を追い求めた者たちは、その夢に反するかたちで今日の頽落した市民社会に韜晦し、無為のシニシズムに浸るのをよしとしないなら、みずからの精神の原点にむかってあらためてさかのぼらなければならない。

社会哲学者ミヒャエル・レヴィは、Blick zurück nach vor ということをいった。「前方に向かってふりかえる」ということ、つまりは「未来に向かって過去を洞察する」ということである。そして、そこから restaurativ-utopische Kräfte すなわち「再生するユートピアの力」を湧き出でさせるのだ、というのである。[36]

エックハルトの「離脱を通じて神の国へ」、ランダウアーの「分離を通じて共同社会へ」――それは、歴史の瓦礫をまのあたりにしながら、まさに未来へ向かってふりかえることなのだ。

36　一九〇〇年代に雑誌『海賊』（*Freibeuter*）にレヴィが書いていたコラムの標題である。vgl. Thorsten Hinz, *Mystik und Anarchie*, Karin Kramer Verlag, 1999, S.137, SS.197~200.

●著者略歴
グスタフ・ランダウアー（Gustav Landauer）
1870年、南西ドイツのカールスルーエ近郊に生まれる。ベルリン大学、ハイデルベルク大学、シュトラスブルク大学で哲学・神学を学ぶ。ドイツ社会民主労働党内で青年派分派として活動の後、独立社会主義者として、ドイツロマン派、ニーチェ、プルードン、クロポトキンの影響のもとに独特なロマン主義的多元・連合・協同社会の思想を展開した。その思想活動のなかで、ベンヤミン、ブーバー、ティリッヒ、ラガツらに影響をあたえた。また、マイスター・エックハルトなどの中世キリスト教神秘主義の研究者として知られる。1919年、ミュンヘン・レーテ共和国教育・文化大臣としてレーテ革命をになったが、同年5月、反革命義勇軍によって虐殺された。主著：*Skepsis und Mystik*（本書）、*Die Revolution*（『レボルツィオーン　再生の歴史哲学』）*Aufruf zum Sozialismus*（『自治－協同社会宣言　社会主義への呼びかけ』）日本語訳はいずれも同時代社刊。

●訳者略歴
大窪一志（おおくぼ かずし）
1946年神奈川県生まれ。東京大学文学部哲学科卒業。編集者・著述者。主な著書：『「新しい中世」の始まりと日本』『アナキズムの再生』『自治社会の原像』／主な訳書：ランダウアー『レボルツィオーン』ホロウェイ『権力を取らずに世界を変える』クロポトキン『相互扶助再論』

懐疑と神秘思想——再生の世界認識

2020年2月5日　　初版第1刷発行

著　者　　グスタフ・ランダウアー
訳　者　　大窪一志
組　版　　閏月社
発行者　　川上　隆
発行所　　株式会社同時代社
〒101-0065　東京都千代田区西神田2-7-6
電話　03(3261)3149　FAX　03(3261)3237
印刷　　中央精版印刷株式会社

ISBN978-4-88683-869-8